一花一世界
羅金 著
佛學典故中的
十六堂人生成功課

目錄

第四課　借秘方，是成功的智慧

第五課　好習慣，是成功的關鍵

第六課　說好話，是成功的基礎

目錄

第十課 能吃苦，是成功的典範

第十一課 懂禮儀，是成功的鑰匙

第十二課 會管理，是成功的展現

目錄

前言

結善緣找智慧，小故事大啟發

佛經中曰：「一花一世界，一草一天堂，一葉一菩提。」英國詩人威廉·布萊克則說：「一沙一世界，一花一天堂，雙手握無限，剎那即永恆。」可見無論是東西方，都是從對大自然的觀察中體悟到人生的哲理。

一花一世界，代表的是一種心境，凡事由小即可見大，參透這些，一花一草便是整個世界；爲人處世亦是如此，人生要想成功，也要隨時由內而外，檢視自己的言行舉止是否有錯漏疏失，包括言語上的尖酸刻薄、工作上的剛愎自用，或是思想上的固執封閉。只有打開自我，卸下心防，才能突破盲點，徹底改頭換面，迎向新生。

凡人常說「苦海無邊，回頭是岸」，本書以佛教典故爲根底，對世俗社會萬千的人和事，就人生觀、金錢觀、情愛觀、人際交往等十六個層面進行闡釋，勘破紛擾表象，破除塵世中種種利欲和迷惘，言傳身教，開釋眾生，教人要正心誠意，明心見性，蕩滌心靈，讀來彷如醍醐灌頂，參透世事玄機，從此不再迷茫混沌，在撥雲見日中，找到自己的一花一世界。

第一課　觀自在，是成功的法門

1 認清自己，才不至於迷失本相

大珠慧海千里迢迢，求見馬祖道一禪師。

馬祖問他：「你來這裡做什麼？」

大珠答道：「來求佛法。」

「我這裡什麼也沒有，哪有佛法可求？」馬祖說，「你自己有寶藏不顧，離家亂走做什麼？」

大珠既驚又惑，急忙問道：「我的寶藏是什麼？」

「現在問我的，就是你自己的寶藏。」馬祖啟示說，「它一切具足，毫無欠缺，你可隨心所欲運用它，何必要向外尋來呢？」

這番睿智之語使大珠頓悟。

所謂的「寶藏」，就是指個人的「自性」。

爲什麼這個世界上會有這麼多人庸碌一生？因爲他們不會做自己，只想去做別人。這些人總是想把自己複製成某個成功的人。殊不知，每個生命在這個世界上都是獨一無二的，這個世界不會出現第二個比爾．蓋茲，也不會出現第二個牛頓，因爲他們已經存在，你唯一能做的就是做好自己，然後超越他們。成功人士想的是如何把生命盡情地展示出來，而不僅僅是複製別人。

南塔光湧是五代時期的禪僧。十九歲那年，他去拜謁仰山慧寂禪師。

仰山問他：「你來做什麼？」

光湧答：「來拜見禪師。」

仰山又問：「你見到禪師了嗎？」

光湧答：「見到了！」

仰山再問：「禪師的樣子像不像驢馬？」

光湧答：「我看禪師也不像佛！」

仰山追問：「既不像佛，那麼像什麼？」

光湧答：「若有所像，與驢馬有何分別？」

仰山大為驚嘆，說：「聖凡兩忘，情盡體露。恐怕二十年中，都沒有人能優勝於你，你好好保重。」

仰山爲什麼要驚嘆呢？無他，只因光湧答得妙：禪師就是禪師，不管你像驢像馬像佛，你本質上都是個禪師，像與不像有什麼關係？是與不是才重要。

同樣的道理，你就是你，我就是我，不管你是不是像劉德華，我是不是像張曼玉，但你終究不是劉德華，我也終究不是張曼玉，既然不是，那就做好自己，爭取有朝一日讓別人對別人說：「你看你長得多像某某某（**您的大名**）啊！」

很多人引以爲豪的事，就是能在某個地方聽到別人呼喊自己的名字，他們想把自己最真實的一面展示出來。做真正的自己，是對生命最好的詮釋。

所以，不要去管別人怎麼樣，你要想的是自己應該怎麼樣。你想做什麼樣的人，就朝著這個方向去努力，拋開世俗的束縛，勇敢地去追求，做一個真正的自己。

2 發現你真正的力量所在

認識你自己，相傳是刻在德爾斐的阿波羅神廟三句箴言之一。在中國，也有句古話，叫「人貴有自知之明」。不管東西方在文化上有多大差異，但在對於人性的認識方面都有著極其相似的見解，都主張公正、客觀、全面地審視自己。

傳說，德爾斐神諭言道：蘇格拉底是希臘最聰明的人，有問題去問他！雅典的居民對此深信不疑。蘇格拉底在聽說後，卻陷入了困惑：「我真是希臘最聰明的人嗎？我究竟比別人多知道什麼？」突然，他明白了——我知道自己無知，這就是我比所有人都聰明的地方。

老子也在《道德經》中提及：「知人者智也，自知者明也。」能夠深刻瞭解別人思想行爲的人不可謂不聰慧，能夠意識到自己長短優劣的人不可謂不明智。

以人爲鏡，可以明得失，這句話的意思是把別人作爲鏡子可以看到自身的不足。但更多的時候，我們只是看到了別人的不足，就好像自己身上帶了兩副眼鏡，一副專門用來放大別人的缺點，一副專門用來縮小別人的優點。對於別人的長處視而不見，盲目自大；對於自身的缺點則置若罔聞，極端自負。

在這個世界上，差異是我們每個人存在的理由。一個人的個性（品質、特徵、特長、愛好）應當成爲他個人尊嚴最神聖的一部分，也是其個人魅力之所在。缺乏個性或不能堅持個性的人不會得到人們的尊重和愛戴，必定是一個平庸之輩。

個性具有內在價值，是一個人最寶貴的資源和財富。我們應當珍惜、保護和發展自己的優勢，並爲它驕傲，用以彌補自己的劣勢，使自己成爲自信、自強、獨立、有豐富想像力的人。優秀、有獨創性的人都有較強的個性，創造性就意味著與眾不同，若沒有個性，又哪來創新精神和勇氣？

3 缺憾能帶來無限可能性

這世上的每件事都存在著兩面性，所以有時看似完美的事，未必就代表著圓滿；而反過來，想起來有所缺憾的事，有時可能會從另一方面帶給人意想不到的驚喜和收穫。用西方人的話說就是：「當上帝對你關上一扇門的時候，定會爲你開一扇窗。」

世上本沒有完美的人生，問題只在於不同的人用不同的心態去面對，所以才有不同的結果。世上的事常常不止有一種答案，對於很多事的判斷都不能簡單地歸結爲這個好、那個不好，我們由於長期以來所受的教導和固有的觀念，遇見各種情況總是以別人爲參照物，首先檢查自己有什麼地方沒有做好，分析自己的缺點和瑕疵，然後信誓旦旦下定決心，下次一定改正，做得和別人一樣。但是，問題隨之而來，當你做得和別人一樣時，是不是就代表你做得最好了呢？是不是就是適合自己的呢？

「金無足赤，人無完人。」既然每個人都有自己的缺點，那麼，何不忽略這一切，或是乾脆將所有的欠缺化作特色，活出自己的稜角和個性，演繹出屬於自己的那份精彩。

人們常說：失敗並不可怕，可怕的是自己不敢面對失敗。而對於缺陷，我們要說的是：有缺陷並不可怕，可怕的是一個人總也忘不了自己的缺陷，不懂得回避它、忽略它，乃至遺忘它。

世界是公平的，絕不會因爲一個人身體有缺陷而剝奪他成功與幸福的權力，也不會因爲一個人性格的醜腆而掩蓋他的榮耀和風采。每個人都有相同的機會，關鍵就在於我們是否有信心、有毅力去把握它。

4 一定能應付過去

人生在世，不如意事常八九，身處逆境其實很尋常。但若將這些不如意的事一股腦兒都砸在一個人的頭上，那便是人生的低谷，對於意志堅強者，倒不失爲一種鍛煉，甚至是一種享受，但對於懦弱之輩來說，就是萬劫不復了。

跌落在低谷的泥沼中，總需要一段時間來檢討、思考、觀察能走出低谷的路。只是，每邁一步都是那麼疲憊，那麼艱辛，那麼痛苦，那麼險惡萬分。於是意志薄弱者，在作了一番無謂的掙扎後頹廢了，絕望了，索性木然地承受著滅頂的痛感。

而心存僥倖者，只是等待，他也只會等待，幻想著救命的繩索會從天而降，然而，恐怕望穿了雙眼等白了頭，這種事也不會出現。

只有意志堅定者，在痛定思痛之後，才會幡然醒悟，一邊在泥潭中奮力跋涉，一邊躲閃不時襲來的暗箭和石塊，審視著四周的懸崖峭壁，思索著攀登的方法，而後便是嘗試。哪怕只是一棵小草、一段枯枝，抑或是峭壁上的一個凸起，那也是攀登的路，是希望所在。

你是上述三種人中的哪種呢？

被日本人推崇爲「經營之神」的著名企業家松下幸之助，曾經歷過臥病在床、發不出薪資的窘境。他在自己的一本書中回憶這段日子時說道：「只要我們本身具有開拓前途的熱忱，從心靈深處拜各種事物爲老師，虛心去學習，前途依舊是無可限量的。」

所以，不要擔心，只要生命仍在繼續，咬緊牙關撐過去，明天我們就能享受到幸福和歡愉。

在人生的海洋中航行，不會永遠都一帆風順，難免會遇到狂風暴雨的襲擊。在巨浪滔天的困境中，我們更要堅定信念，隨時賦予自己生活強大的支持力，告訴自己「一定能應付過去」。

當我們有了這份堅定的信念，困難便會在不知不覺中慢慢遠離，生活自然會回到風和日麗的寧靜與幸福之中。唯有相信自己能克服一切困難的人，才能激發勇氣，迎戰人生的各種磨難，最後成就一番大業。

人生本來就要經歷一個起起伏伏的過程，所以，當遭遇低谷時，不要感到惶恐，更不要沮喪、消沉。溪流遭遇懸崖，縱身一躍而成就瀑布的壯美；枯枝面對霜雪，傲然挺立而能擁抱姹紫嫣紅的春天。更何況，人處於低谷時，看到的都是上山的路，也不失爲人生的一道風景，也是一筆財富，更是一次難得的鍛煉機會，人生將因此而精彩。

正如孟子所云：「天將降大任於斯人也，必先苦其心志，勞其筋骨，餓其體膚，空乏其身，增益其所不能。」只要在逆境中保持樂觀的精神、競爭的雄心，不斷地向上爬，就能看到「無限風光在險峰」。

記住，人處低谷，是「置之死地而後生」的人生潛力的發掘。在低谷的寂寞中成長，你會變得更強大。

5 不急不躁，慢慢來

《論語》說：「欲速則不達，見小利則大事不成。」當今社會，經濟高速發展，不少人少了耐心，多了急躁；少了冷靜，多了盲目；少了腳踏實地，多了急於求成……在市場經濟的大背景下，很少有人能按捺住自己驛動的心，守住那份可貴的孤獨與寂寞，而是變得越發浮躁和急功近利。

「浮躁」是指輕浮，做事無恆心，見異思遷，不安分守己，總想投機取巧。在一些人的心靈深處，總有那麼一種力量使他們茫然不安，讓他們無法寧靜，這種力量就是浮躁。浮躁不僅是人生最大的敵人，也是各種心理疾病的根源。

這種情緒在人的內心裡積存下來，久而久之，就會逐漸形成固有的性格，使人們在任何時候、任何環境中都不能平靜下來，進而不自覺地在盲目和衝動的情況下做出錯誤的決定，給自己造成更大的精神壓力，讓自己越來越急躁，最終形成惡性循環，一發不可收拾。因此，想成就大事者，要心存高遠，更要腳踏實地。

在生活中充滿熱情，凡事都躍躍欲試，本不是什麼壞事，生活本來就需要這樣一股勁頭。如果每天生活得懶散不羈，對人對事毫無熱情，人生就會成爲一潭死水，毫無生氣可言。但是熱情也要講究方式，用在積極的心態上是一種動力，而人們所表現出的浮躁則是一種對熱情的錯誤運用。

浮躁的人雖然並不缺乏生活熱情，但卻缺少合理分配和利用熱情的能力。這類人在處事上常常缺乏理智，容易半途而廢、淺嘗輒止，宜將熱情消極化。如梁實秋所說，爲迫切完成某事而心浮氣躁，就容易導致言行過分，這不僅有礙於人際關係，容易語出傷人，更容易分散心智，影響做事的效率或是錯過眼前的良機。

成功與失敗，偉大與平凡，往往就在等待的一念之間。許多成功人士的重要秘訣即在於他們將全部的精力、心力放在一個目標之上，而且善於等待。有些人，他們雖然很聰明，但心存浮躁，做事不專一，缺乏意志和恆心，到頭來只能是一事無成。

改變浮躁性格可以從以下幾個方面來做：

◎ **在實踐中鍛煉耐心。**

耐心都是鍛煉出來的，缺乏耐心也就等於自動丟掉了成功的機會。要想成功，就應在生活中多多鍛煉自己的耐心，在做每一件事時都要學會安下心來，不要總是想著結果如何，要把精力放在如何做好這件事上。

◎**多看有積極意義的電影或書籍。**

這既能讓你放鬆心情，調節生活節奏，同時也能爲你帶來更強大的生命動力，讓你擁有更多的生活熱情。

◎**遇到急事先冷靜。**

焦急的情緒並不能幫你解決任何問題，只有思考才行。思考一下如何做才能最大限度地降低損失，怎麼樣處理才能比較合理地解燃眉之急，然後馬上去行動。

◎**學會循序漸進地做事。**

凡事不可貪大，成功要一步一步來，在做事前，首先要安下心來，爲自己樹立起框架，然後從最微小的部分做起，循序漸進，逐漸完成。

第二課　不煩惱，是成功的境界

1 澄靜我們的心

佛經說：「安禪何必需山水，滅卻心頭火自涼。」

近年來社會上流行EQ這個概念，意即提高我們的情緒智商，其實就是佛教所說的「身心管理」。意思是，煩惱來時，先不要厭惡排拒它，而要以迎接老朋友般的歡喜心情來看待。情緒就像面對一團亂麻，讓你剪不斷，理還亂。當我們不剪也不理時，先澄靜我們的心，再用這份澄靜之力替煩惱整束穿繩，使之不再糾纏零亂我們的身心。

現代人追求享受，活得卻越來越累，終日奔波，爲買房買車而奮鬥，結果房有了、車有了，人卻老了、病了，這還有什麼意義呢？究其原因，是人們對幸福的理解不同。幸福其實是放鬆心靈，心靈自在是人生最大的快事。追求名利，追求過度的物質享受，與人攀比，讓心靈爲物質所役，成爲名譽的奴隸，如此，還談得上幸福嗎？

人對於世界的認識就是世界觀，對人生的態度就是人生觀。人生觀和世界觀若不能正確地樹立起來，任何一種生活方式都只會帶來痛苦和煩惱。當然，人生觀和世界觀都是各人根據各自的立場來確定的，或者以名稱地位爲追求的目的，或者以聲色犬馬爲快樂，或者順其自然地生活。生活的態度不同，感受的幸福和痛苦自然也就不同。

每日裡要應付各種各樣的雜務，應付各個層次的認識的、不認識的人，自己的內心得不到安寧，時常感到煩惱；生意人想賺錢，卻偏偏賠了本；不想見的人就在自己的眼前，相愛的人卻必須分離；追求的東西始終得不到，既得利益卻要放棄……這些都是生活中的煩惱，使人無法真正地領受人生的美好和安詳。

有些人為逃避家庭、城市、社會及自己的問題而逃到深山中，企圖尋覓內心的平靜。可是，既然是要尋覓「內心」的平靜，又怎麼可能在「心外」尋得呢？快樂是一種心靈深處的感受，與你身處什麼地方無關。如果你心中無法寧靜平和，縱然跑到天涯海角也尋不到它；心中有了平和，身在何處就不那麼重要了。

我們的內心影響著我們所見到的世界。擁有一顆快樂之心的人，見到的是一個值得歡欣的世界；內心充滿仇恨的人，見到的是一個令人憤怒的世界；心中滿是憂傷的人，見到的是一個充滿哀傷的世界。

有智慧的人在獨處時會管好自己的心，不是獨處時則會管好自己的口。放下一點執著，你便會有一點平靜自在；放下多一點執著，你會有多一點的平靜自在；在完全放下時，你便會體驗到完完全全的平靜自在。

從現在開始，由己及彼，從心著手，靜化靈魂，你將受益匪淺。

2 擁有豁達的心境

雨果曾經說過：「世界上最寬闊的是海洋，比海洋更寬闊的是天空，比天空更寬闊的是人的胸懷。」

人生如旅途跋涉，難免會有淒風苦雨相伴。不同的人對於人生的不如意，也有著不同的接受方式。有的人會自哀自憐、怨天尤人；有的人則會把它當成鍛煉自己的機會，並能換個角度去考慮，讓所有的不開心如過眼雲煙，一笑而過。

佛家有一楹聯：「大肚能容，容天下難容之事；開口常笑，笑世間可笑之人。」

一個有趣的佛家故事更好地說明了這一點。

三伏天，禪院的草地一片枯黃。

「撒點草籽吧！好難看呀！」小和尚說。

師父揮揮手：「隨時！」

中秋，師父買了一包草籽，叫小和尚去播種。

秋風起，草籽邊撒邊飄。「不好了！好多種子都被吹飛了。」

小和尚喊道。

「吹走的多半是空的，撒下去也發不了芽。」師父泰然說，

「隨性！」

種子剛撒下去，就飛來幾隻小鳥啄食。

「糟糕！種子都被鳥吃了！」小和尚急得跳腳。

「沒關係！種子多，吃不完！」師父微微一笑說，「隨遇！」

半夜一陣驟雨，小和尚早晨衝進禪房：「師父！這下真完了！好多草籽被雨水沖走了！」

「沖到哪兒，就在哪兒發芽！」師父擺擺手，「隨緣！」

一個星期過去了，原本光禿禿的地面，居然長出了許多青翠的草茵，一些原來沒播種的角落也泛出了綠意。

見此景象，小和尚高興得直拍手。

師父靜然說：「隨喜！」

只要擁有看透一切的胸懷，你就能做到豁達大度。只有把一切都看作「沒什麼」，才能在慌亂時，從容自如；憂愁時，增添幾許歡樂；艱難時，頑強拼搏；得意時，言行如常；勝利時，不醉不昏而有新的突破。

只有如此放得開的人，才能做到豁達大度。

凡事放得開，不主動製造煩惱的來干擾自己，即使面對一些負面消息、不愉快的事，也能處之泰然，做到「身穩如山嶽，心靜似止水」，這既是一種堅守目標、排除干擾的良策，也是一種豁達的表現。

一個人若時時在瑣事中糾纏不休，就很容易被小事所累，他的一生也必將一事無成。當然，放開並不等於逃避現實、麻木不仁，也不是看破紅塵後的精神頹廢和消極遁世，而是在奔向人生大目標途中所採取的一種灑脫、豁達、飄逸的生活策略。凡事看開一點、超脫一些，你得到的就是瀟灑、豁達、輕快的人生。

豁達是一種襟懷和氣度，是一種格調和心境，更是一筆寶貴的精神財富。有了豁達，生活中便會多幾分和諧、寬適，多幾許靈性、悟性，你會更加熱愛生活，追求卓越，從而安靜坦然地走自己的路，含笑而自信，既不自卑又不張揚。

3 理事圓融，雖忙猶閒

越來越擁擠的城市空間，越來越快節奏的生活步伐，越來越艱難的生存環境，有時會讓人無所適從。星雲大師在《圓融》一書中說：「我很歡喜徒眾『忙』，也很鼓勵徒眾『忙』，從忙中可以學習，從忙中可以收穫，從忙中可以增長見識，從忙中不會有煩惱，問題是要『知所以忙』。」生命誠可貴，不要把時間浪費在無謂的事情上。因為說忙說閒，不過是事相上的對待，若能理事圓融，則雖忙猶閒。

有一首偈語說：「閒到心頭便是閒，心閒方可話山居；山中剩有閒生活，心不閒時居更難。」

真正的快樂來源於心靈，它從生命的本性中流淌而出，它是有著人生信仰的人自在安寧的情感狀態。

佛家認爲，真正的閒，是心頭上超然物外的閒。若心中無所「住著」，不計較人我得失，就能安住於清閒的生活中；若不被生活所羈絆，就可以做到能忙能閒、能動能靜、能早能晚、能飽能餓、能進能退、能有能無……無所不能。

4 學會傾訴，這不丟人

若內心的苦悶和煩惱長期鬱積在心頭，就會成爲沉重的精神負擔，這種壓力將有損人的身心健康。英國權威心理醫學家柯利切爾也認爲：積貯的煩悶憂鬱就像一種勢能，若不釋放出來，就會像定時炸彈一樣，埋伏在心間，一旦觸發就會釀成大禍。若及時加以發洩或傾訴，便可少生病，保健康。所謂將壓抑「說」出體外，指的就是傾訴，就是將自己的喜怒哀樂，尤其是怒和哀，毫無保留地傾吐出來。這是一種感情的排遣，也是一種心理調節術。

《黃帝內經》中也有過這樣的記載：「思傷脾，憂傷神，恐傷骨。」「悲哀愁憂則心動，心動則五臟六腑皆搖。」

現代醫學研究也發現，癌症、高血壓、心血管等疾病的誘發病因有很大一部分是因爲人的憂鬱、焦慮等不良情緒在體內長期積壓。也就是說，當一個人被心理負擔壓得透不過氣來的時候，就容易患上各種疾病。反之，如果有人真誠而又耐心地來聽他傾訴，他就會有一種如釋重負、一吐爲快的感覺，使內心的感情和外界刺激取得平衡。

但是，有很多人並不願意將自己的不快向別人傾訴，在他們看來，向別人訴苦是懦弱、無能的表現，有可能會引起別人的嘲笑；如果對方對他所傾訴的內容不感興趣、不關心、不理解，他想獲得心理安慰的希望就會落空，不但原有的問題沒能解決，還會徒增新的苦惱。他們擔心把自己的秘密告訴別人會不安全，說不定有一天傾聽者會把自己的事情當作茶餘飯後的談資公之於眾。

並不是所有人都可以成爲你的傾訴對象。如果你選對了傾訴對象，結果就完全不一樣了。那麼，該如何選擇合適的傾訴對象呢？

第一，此人必須是值得信賴的，能夠爲你保密，不會做你的「義務宣傳員」。

第二，此人可以不作任何評價，僅僅爲你提供一個包容的環境，做一個寬容的聽眾。他會認真地聽你說話，不論你說出怎樣的想法，他都可以接受和理解。這會讓你有一種安全感，促使你自由地表達自己的想法，說不定還會引起你自己的思考，有利於你換一個角度看問題。

第三，此人會給你一些真誠的鼓勵，比如「沒事的，有我在呢」、「不要怕，沒有你想得那麼難」、「別多想了，愛你的人還有很多」、「千萬別這麼想，這種困難很快就會過去的」、「再堅持一下，也許過了今天就會好」等。這些看似簡單的話，在傾訴者心裡能起到意想不到的積極作用。

第四，此人也可以幫你分析產生不良情緒的原因，讓你換一個新的角度來看待自己痛苦的經歷，並提供一些積極的觀點，進而和你一起找出解決問題的辦法。這樣，你的情緒就能得到有效的調節，你也會從中得到成長和超越。

第五，最有效又安全的傾訴對象，就是心理醫生。心理醫生的職業道德要求他們爲諮詢人員的隱私保密。而且，一般情況下，心理醫生是與你的生活圈完全沒有交集的陌生人，也沒有必要去四處宣揚你的隱私，他們能從專業的角度給你一些指導。

在心理諮詢時，醫生大部分時間是在聽。患者在宣洩情緒後，病情就能緩解一大半，此時，醫生再適當進行排解和建議，壓力就會減小很多。

除了要選擇合適的傾聽者之外，還要注意時機，切不可只顧自己的需要，不顧對方的感受。你最好先問一聲：「最近很煩，想和你聊聊天，你有空嗎？」得到肯定回答後再說不遲。最好不要在會有熟人出現的地方交談，交談前最好能消除一切可能會引起干擾的因素，哪怕是一隻聽不懂話的小狗也要排除在外。總之，要保證談話的私密性，以保證雙方能在交談過程中專注在這件事情上。

在「宣洩」完，你還要記得要對對方表示謝意，畢竟你佔用了別人的時間，獲得了別人的幫助。另外，還有一項非常重要的提示——絕不要把自己的痛苦和煩惱廉價地販賣給每一個人，否則你會遭受旁人的鄙夷和敬而遠之。

5 不要強忍，想哭就哭

人在痛苦時都會有哭的感情衝動，這是正常的情緒反應。但有些人總是會出於面子上的考慮而壓抑自己，強忍著不哭出來。其實，這種強忍著不哭出來的做法，會給身體帶來不良的後果。

強忍淚水，會加重憂鬱，讓你憋出病來。強烈的負面情緒會造成你心理上的高度緊張，當這種緊張被你壓抑下去得不到釋放時，勢必會成爲一種積累待發的負能量，引起人體功能的紊亂，久而久之，就會造成身心健康的損害，促成某些疾病的發生與惡化。所以，自然地哭出來，對身體有很多好處。

哭雖然不能從根本上解決問題，但適當的哭泣可以緩解緊張情緒，消除積蓄已久的壓力或悲傷。爲一種常見的情緒反應，哭對人的心理起著一種有效的保護作用。美國心理學家費雷認爲，人在悲傷時，忍著不哭有害於人體健康。長期不哭的人，患病率要比常哭的人高一倍。男性胃潰瘍和精神分裂症患者大都是強忍不哭者。如果他們該哭就哭，很可能會避免患上這些病。

淚液不但保護著我們的眼睛，在一定程度上也保護著我們身體的其他部位。除了以上所說緩解壓力與病痛以外，哭泣還可以養護脾肺，改善容貌，鍛煉眼睛。生活中常有這樣的事例：突如其來的巨大悲痛，令人難以排解，這時痛哭一場，往往會使人從悲痛中解脫出來。人在哭泣後，其情緒強度一般會降低百分之四十。這便解釋了爲什麼哭後的感覺會比哭前要好許多。

當然，任何事情都不能過度。一個人若整天哭哭啼啼，會擾亂人體的生理功能，使呼吸、心跳失去規則。有人在大哭之後，白天不思飲食，夜不能寐，這是很傷身體的。《紅樓夢》中的林黛玉就是多愁善感的典型，她的愛哭使本來就羸弱多病的身體更加衰弱，以至加速了她的死亡。所以，哭也要有節制，否則只會有害而無益。

6 借助想像轉移注意力

納斯美瑟少校是高爾夫球愛好者，他曾經在越南的戰俘營度過了七年。七年間，他被關在一個只有四尺半高、五尺長的籠子裡。絕大部分的時間，他都被囚禁著，看不到任何人，沒有人說話，更不可能有任何體育活動。

七年後，他被釋放。當重獲自由的他再一次踏上高爾夫球場時，竟打出了令所有人驚訝的桿數──比他自己以前打的平均成績還好一些。不止如此，他的身體狀況也比七年前好。這引起了很多人的好奇：納斯美瑟少校的秘密何在？大家都想知道他是怎麼做到的。

原來，這七年間，納斯美瑟少校為了改變被囚禁的鬱悶心情，想出了一套特殊的減壓方法。他選擇了自己最喜歡的高爾夫球，並堅持每天在心裡「打」高爾夫球。每天，他都在夢想中的高爾夫鄉村俱樂部打十八洞。

他想像著自己穿著高爾夫球裝，戴著太陽眼鏡，呼吸著空氣的芬芳和草的香氣。在他的想像中，球桿、草、樹、鳴叫的鳥、跳來跳去的松鼠、球場的地形都歷歷在目，這些想像讓他陶醉，讓他感到美好，甚至有點興奮。不一會兒，他感覺自己的手握著球桿，練習各種推桿與揮桿的技巧。

他想像球落在修整過的草坪上，跳了幾下，滾到他所選擇的特定點上，他為此感到很有成就感。打完十八洞的時間和現實中一樣，一個細節也不省略，他一次也沒有錯過揮桿左曲球、右曲球和推桿的機會，這一切每天都在他心中發生。

以前，他打得和一般在週末才練球的人差不多，水準屬於中下。七年後，他打出了七十四桿的成績。他的進步無疑得益於他所創造的「心像」法。

與「心像」法有異曲同工之妙的還有「想像療法」，精神心理學研究證明，大腦與人體之間存在著某種尚未被人瞭解的管道，這個管道起著聯繫思維活動與免疫系統的作用。「想像療法」能強化免疫系統的功能，能有效地抑制疾病的發展，使疾病好轉而痊癒，還能促使人的心情愉悅。

爲什麼「想像療法」會有如此神奇的治療作用呢？

原來，「想像療法」的秘訣在於讓患者轉移注意力，建立一種信心，使患者看到希望，增強戰勝病魔的勇氣。運用「想像療法」能治癒許多慢性病。

在養生方面，想像的作用更是不可低估。想像養生，就是通過想像各種不同的自己喜歡的情境來放鬆精神，舒緩壓力，愉悅身心。比如，想像蔚藍的天空、悠悠的白雲、七彩的霞光、碧綠的草地、清澈的小河、青山幽谷、一望無際的麥田、甘甜的泉水……這些想像都能給人美好的感覺。

生活在這個世界上，不可能事事如意，當你無力改變既成事實時，就試著放飛自己的思想吧。展開你想像的翅膀，讓你的思緒隨風飛揚，用正面的「心像」開放你的潛能。想像自己做快樂的事，想像自己是個快樂的人，你的心情會因此輕鬆起來，你的壓力也會輕許多。久而久之，你一定會得到一些意想不到的收穫。

第三課　去我執，是成功的財富

富貴從「佈施」中來

馬克．吐溫說過：「善良，是一種世界通用的語言，且盲人可感之，聾人可聞之。」英國的大文豪莎士比亞也說過：「沒有慈悲之心的是禽獸，是野人，是魔鬼。」

古語說，富貴從佈施中來。佈施能夠讓人感到快樂，感到祥和與安寧。因爲樂善好施能讓受施者擺脫困境，使自己獲得快樂。只有會花錢的人才會賺錢，只有捨得付出才有回報。我們必須清楚，守財奴的節儉並不會使你的財富更多，只會一步步地斷掉你的財路。而當你變得樂善好施時，你才會發現真正有意義的生活。快樂並不在於擁有多少，而在於付出多少。

從前有個生意人，他忙碌了大半輩子，積累了一大筆錢。可是，他並沒有人們想像中的快樂，因為無兒無女的他總是發愁如何收藏偌大的家產。

他想了很長時間，也想出了很多方法，但無論哪一種都不能讓他感到安全，更談不上快樂。最後，他只好將所有的錢財都繫在腰間。

有一天，他路過一個寺院，看到寺院的門前放著一個用金屬鑄成的大缽，過往的人紛紛都將錢放在這個缽中。

他百思不得其解，便向別人詢問原因。別人告訴他：這個叫作「公共福田」，如果人們能夠真誠佈施，就會捨一得萬，受益無窮。凡是被放到這裡的錢財，都是用來救濟窮人的，讓眾生能夠脫離苦海。這個大缽名字叫「堅牢藏」，只要把金錢放在裡面，便不會再受到任何傷害；反之，如果將金錢都放在自己身邊，就很可能為自己帶來天災和人禍。

聽到這裡，這個生意人幡然醒悟：「我終於找到可以放錢的地方了。」隨即便高興地去佈施。

放眼望去，古中今外，歷史上不乏極爲明智的商業經營者，那些聞名於世的大企業家們，無一不是樂善好施的人，他們非常善於用餘財熱心資助慈善、公益事業。但他們並沒有因爲數次「慷慨解囊」而變得貧窮，反之，任何時候，他們所擁有的都比普通人多，在事業上也得到了更大的回報。

世界首富比爾．蓋茲被美國的財經雜誌評爲「世界上最樂於慈善事業的人」，他一直十分熱衷於慈善事業，也正是因爲他的樂善好施，他的事業才越做越大。

中國的商業鼻祖范蠡也十分「富好行其德」。他曾三擲千金，將賺來的錢財用來資助親友鄉鄰，真可謂是「千金散盡還復來」。

快樂的捨是身心健康的標誌，也是一種難能可貴的魄力和一種豁達坦然的心境。人類最快樂的時候不是索取，而是佈施。一個樂善好施的人，他的心境永遠都是平和的，不會因爲「失去」而耿耿於懷。

曾有人說：「放在自家錢櫃裡的金錢的閃光，只能吸引它的擁有者毫無價值的注意力，正如螢火蟲的輝光只能把自己暴露給它的捕捉者。」是的，再珍貴的東西，如果得不到使用和發揮，就如同一堆破銅爛鐵，等著發黴生銹。

錢財乃身外之物，死守著有什麼意義呢？當死神來臨的時候，你不可能帶走一分一毫，有再多的家產也買不回來一秒鐘的生命。鋼鐵大王卡內基也說過：「如果一個人到死的時候還有很多錢，那麼他實在死得很可恥。」

培根說：「金錢好比肥料，如不散入田中，本身並無用處。」只有善於和別人分享，財富才能實現最大的價值。如果你想成爲一個快樂的人，就做一個樂善好施的人。

2 突破心靈的禁錮

一個善於用表的人不會把發條上得太緊，一個好司機不會把車開得太快，一個好琴師不會把琴弦繃得太緊，一個善於控制自己感情的人總是在為自己找各種各樣的理由來放鬆自己的心情。

如果人的一生是豐富多彩的，那麼在這個過程當中，難免就會有些磕磕碰碰，難免會有情緒不對的時候。不管這種不對的情緒因何而起，都得給它一個終點，讓過去的成為過去。凡事不論好與壞，愉快或痛苦，贊成或反對，正確或錯誤，榮譽或恥辱，都是來了又去，去了又來，去去來來，始終都有一個起點和一個終點，這樣，世界才能平衡。如果只有起點而沒有終點，那麼世界上的人都會因爲壓力而崩潰。

我們總是被自己所擁有的經驗、固定的想法，甚至是對每一種情緒的感受重重包圍著，沒有任何放鬆的機會，就如同一台機器，總是在超負荷地運轉，久而久之，總有一天會散架。因此，我們得學會自己給自己一個輕鬆休息的理由，給自己的心情一點時間與空間，並讓自己的心情做個深呼吸，享受一下久違的陽光。

一個人從生活中的風風雨雨裡走過來，不經歷一些艱辛和波動的情緒是不可能的，想要完全忘記不愉快的事也是不可能的。但是，如果你總是背著沉重的情緒包袱過一種充滿焦躁、憤懣、後悔的生活，不僅對自己無益，還會白白浪費自己眼前的大好時光，這就相當於放棄了前途和未來。不是說這樣的人不憧憬未來，也不是說這些人對未來失去了信心，而是這些人一直都沉浸在追悔過去當中，而把現在錯過了。

要想成爲一個快樂的人，就應該經常給自己的心情做一個深呼吸，經常洗滌自己的心靈，在洗滌的時候讓心靈減壓，盡力清除困擾你心靈的情緒殘渣，比如可以向你的朋友訴說一下自己的煩心事，這樣會感覺好很多。

要保持心情的愉快，光做到放鬆心情是不夠的，還要經常想想自己的幸福。特別是在感覺自己不管做什麼事情都很不順的時候，就數數自己的幸福，你會發現，絕大多數的事情自己做得還不錯，只有一小部分的事情做得不好。這個時候，你就得想想那絕大部分好的事情，這樣，心情就會自然而然地好起來，從而突破心靈的禁錮，收穫快樂。

德山禪師在得道之前曾跟著龍潭大師學習，龍潭大師日復一日地要求德山誦經苦讀，時間久了，德山就有些忍耐不住了。

一天，他跑來問師父：「我就是師父翼下正在孵化的一隻小雞，真希望師父能從外面儘快地啄破蛋殼，讓我早一天破殼而出！」

龍潭笑著說：「被別人剝開蛋殼而出來的小雞，沒有一個能活下來。你突破不了自我，最後只能胎死腹中。不要指望師父能給你什麼幫助。」

德山撩開門簾走出去時，看到外面非常黑，就說：「師父，天太黑了。」

龍潭大師便給了他一支點燃的蠟燭。德山剛接過來，龍潭大師就把蠟燭吹滅了，並對德山說：「如果你心頭一片黑暗，那麼，什麼樣的蠟燭都無法將其照亮！即便我沒有吹滅蠟燭，說不定也會被哪陣風給吹滅。而只有你點亮了心燈，天地才能一片光明。」

德山聽後，如醍醐灌頂，後來果然青出於藍，成了一代大師。

其實，像德山開悟成佛一樣，一個人想擁有快樂的心境，自己要學會爲心靈鬆綁，給心情做一個深呼吸。

下面，我們來看看保持好心情，同時也能給別人帶來快樂的四句名言——

第一，**把自己當成別人**。就是換位思考，把自己放在對方的位置上考慮事情，說不定你會發現對方的要求更加合理。

第二，**把別人當成自己**。就是如果別人是自己，別人會不會和自己一樣。這是一種自省的方法。

第三，**把別人當成別人**。自己終究是自己，別人終究是別人，自己有自己的想法，別人也有別人的想法，不要強求別人來同意你的觀點，也不要讓別人打破自己的原則來認同你。

第四，**把自己當成自己**。一個人首先要有自己的想法和觀點，才能讓別人感受到你的真誠，而不是人云亦云、隨波逐流。很多時候，別人需要的是不同意見，而不是附和。

3 本來無一物，何處染塵埃

記得一個人曾經問過一個和尚說：「和尚修行，還用功否？」和尚回答說：「用功。」那個人又問道：「如何用功？」和尚回答：「饑則吃飯，困則即眠。」那人非常奇怪地說：「為什麼我和你一樣就不算用功呢？」和尚笑著回答：「你和我們當然不一樣了，你該吃飯時不好好吃飯，該睡覺時不好好睡覺，整天千種計較，萬般思量，心不寧靜，怎麼叫作用功？如何算得修行？」

真正的平常心，就是享受生活中的平凡和簡單。只要能把心態放平穩，不要被外界的動亂干擾，就是擁有一顆真正的平常心。

平常心雖是簡單的三個字，但在生活中，卻是人人都難超越的一道坎。因爲我們並不懂得何爲真正的平常心，也不懂得怎樣來保持自己的平常心，更不懂得怎樣來利用平常心。

首先，平常心是一種心境，不僅對待周圍的環境要做到「不以物喜，不以己悲」，更要對周圍的人、事做到「寵辱不驚，去留無意」，這樣才能讓我們的生活擁有一份平靜和諧。

其次，平常心也是一種境界。慧能大師說：「本來無一物，何處染塵埃。」他的這種超脫物外、超越自我的境界正是平常心最好的解釋。他們不是「看破紅塵」，更不是消極遁世，相反，他們所要表現的是一種積極的心態：以平常心觀不平常事，則事事平常，無時不樂也無時無憂。

平常心在適當的時候所產生的力量是不可估量的。一般來講，保持一顆平常心可以有以下幾種好處：

第一，**平常心可以增加個人魅力**。

擁有平常心的人往往是一個寬宏大量的人，對待別人的錯誤或者是誤解能淡然一笑，不予理睬。這並不是看輕對方，而是一種無聲的諒解。他們對自己形象的維護在無形中達到了一箭雙雕的目的，因此這類人的形象魅力也在這種無聲的淡然一笑中散播開去。相比之下，和對方大吵大鬧的人，自己也好不到哪裡去！俗話說：和一個瘋子爭吵的人，不是瘋子就是神經病。

另外，能對對方的讚揚採取一種平和的心態，不是斷然拒絕這種恭維，更不是欣然接受這種讚揚，他們想表現的僅僅只是自己這顆溫和的心。因此，這類人的人格魅力在無形中已經在對方心中留下了很深的印象。

第二，**平常心可以給人誠信的印象**。

沒有平常心的人往往是一個愛慕虛榮的人，每天爲了張揚自己而說各種冠冕堂皇的話，做各種違心的舉動，久而久之，就給周圍人留下了一種不誠實的印象。特別是在名和利的誘惑下，他們更是把持不住自己，不顧信譽，做一些雞鳴狗盜之事。

而擁有平常心的人則完全相反。他們做人光明磊落，做事坦坦蕩蕩，不虛假也不掩飾，更不會在名利面前亂了手腳，去做一些有損名譽的事情。他們把名譽看得比什麼都重，不會有意去損毀自己的名聲，因此，他們往往會給對方留下誠信的印象。

第三，**有一顆平常心，可以讓我們正視自己的缺點和不足，並時時進行反省**。

擁有平常心的人並不會掩飾自己的缺點，相反，他們會把一個真實的自己擺在眾人眼前，希望周圍的人能給他們挑出不足和欠缺的地方。他們懂得，要時時進行自我反省，才是真正對得起自己。換句話說，就是能把自己看得很清楚，並不斷地進行自我審查，做到誠懇無私地瞭解自己。

這類人比較理智，他們一般很少犯錯誤，因爲他們很瞭解自己，很瞭解自己的優點，也很瞭解自己的缺點，完全可以做到非常自然而不受任何約束，知道自己該做什麼、能做什麼，也知道怎樣做更符合自己的個性。人生來並不是完美的，但保持一顆平常心將成爲你走向完美的動力。

第四，**平常心可以讓你的生活充滿快樂**。

生活不可能一帆風順，有成功就會有失敗；有開心就會有失落。如果我們把生活中的這些起起落落看得太重，那麼，生活對於我們來說就永遠都不會坦然，永遠都沒有歡笑。

第五，**擁有平常心，可以讓你正確地對待失去的東西**。

曾經有句話說得好：「不要爲碰翻的牛奶哭泣。」說的就是我們應該如何去面對已經失去的東西。失去的終究是失去了，不管如何爲它們哭泣，它們都不會再回來了。有了平常心，你就不會哭泣，因爲你知道沒有什麼東西是永恆的，即便你對它十分留戀，也不能制止這種逝去。因此，平常心在這個時候起到的是一種協調的作用，能讓我們很快從失去的「陰影」中走出來，追求下一個目標。

第六，**擁有平常心，我們可以減少憂慮**。

現代人的疾病不僅僅有生理上的疾病，心理上的疾病更嚴重，而心理上的疾病大多數是由憂慮所引起的。有醫生指出，醫院裡一半以上病人的病情都由憂慮引起，或者因憂慮而加重了病情。但過後你會發現，先前自己所憂慮的事情根本就是小題大做，甚至是荒謬可笑的，只是因爲當時缺乏這種平常心的調節而導致心不平氣不和。

第七，**平常心可以減少我們心中的仇恨**。

人生在世，有很大一部分不快樂是因爲別人對自己的不尊敬或者不欣賞所引起的。我們之所以有這種憤恨的感覺，是因爲我們想在對方面前表現自己或者是超越對方，達到對方所沒有的境界。可是萬萬沒有想到的是，對方竟然根本不給面子，甚至使自己蒙羞，如此，難免會產生怨恨的情緒。

但如果我們具備了平常心，做到「寵辱不驚，去留無意」，又哪裡會有這麼多的煩心事？若沒有這麼多的煩心事，又哪來這麼多的仇恨呢？

說到底，平常心不過是「無爲、無爭、不貪、知足」觀念的匯合而已。作爲一種處世態度，亦可進一步解釋爲淡薄之心、忍辱之心和仁愛之心。其中的無爲並不是無所作爲，無爭也不是不同惡勢力抗爭，而是一種心境、一種境界。

另外還有四種平常心：爲善不執是平常心；老死不懼是平常心；吃虧不計是平常心；逆境不煩是平常心。不管什麼樣的平常心，都是生活的饋贈，你擁有了，生活就會平靜；你失去了，道路就會坎坷，人生也將從此不再平靜。

4 活在此刻，感受現在

世界上的任何事情都有其兩面性，有得也有失，並且，得失是相對的。就如同人們吃藥一樣，在治病的同時，也給身體帶來了種種的負作用，在一定程度上危害著人的身體。因此，我們應該懂得：得未必得，失也未必失，既定的事情已成事實，無法改變，而未來的得失還不確定，那就不要沉浸在這種患得患失的感情中，活在此刻，時時感受現在！

只要能感受每天生活中的快樂，這個世界就是美好的。活在當下，才能將快樂最大化。

然而，快樂是一種什麼樣的心境呢？或者說，快樂到底是什麼樣子的呢？沒人能說清楚，但有一點是肯定的，快樂是一種主觀的思想，一個人的快樂僅僅是屬於他自己的快樂，別人是看不見的；同時，一個人到底是真的快樂還是假的快樂，也只有這個人自己心裡明白，別人只有通過他的表現和行爲舉止才能有所瞭解。

快樂的反面是痛苦，那麼痛苦又從何而來呢？人生來便具有各種需要和欲望，這些需要和欲望若得不到滿足，理想和現實之間就會出現差距，繼而，痛苦也就出現了。有個名人說過：這個世界有太多的欲望，也就有了太多的滿足不了欲望的痛苦。說到底，痛苦是無時不在、無處不有，因爲人的欲望是無止境的。而人越是痛苦，就越覺得快樂的可貴，從而更拼命地去追求快樂。

那麼，我們是不是應該停止追求快樂呢？當然不是。擺脫痛苦只是追求快樂的目的之一，並不是全部。其實，只要我們能知足，能活在此刻，並感受現在，便能常樂，用一句話來總結，就是知足常樂。

知足的人即滿足於自我的人，他們會去追求能實現的欲望，並堅持不懈地爲之奮鬥，而不會去追求那些明知根本不可能實現的欲望。這類人一旦得到了自己的所求，快樂便會油然而生，並且，他們每上一個臺階，快樂的程度也會上一個新的臺階。他們的這種追求，不是刻意去勉強自己，而是在自我能達到的範圍內去要求自己，自覺地知足，心平氣和地去享受獨得之樂。

一位西方哲人說過，成功是沒有標準的。它並不意味著是第一，也並不意味著超越所有的人，而是只要盡了力量，發揮了所有的潛力，即便結果仍不是最優秀的，仍不失爲一種成功。

5 放下「我執」，讓內心常空常有

到底什麼才是真正的快樂？每個人都有自己的答案。如果說放下就是一種快樂，也有一定的道理。不僅放下重擔是一種快樂，放下包袱是一種快樂，甚至放下工作、放下情感、放下官職、放下財富都是一種快樂。

首先，我們要做的就是放下「別人」，不要一天到晚都想著「別人怎麼樣了，而自己卻總是比別人差」。我們應該學會看到自己的優點，並放下「別人的優點」。放得越多，收穫就越多；收穫越多，人生的快樂也就越多。

一個學者去見道悟禪師，並呈上一偈請他評點。偈曰：「心佛與眾生，全體阿彌陀。相應阿彌陀，是波羅密多。」

禪師看了微微一笑，對學者說：「你的佛太多了。」

一天，學者與禪師外出，在回廟途中，禪師興致突來，便口占一絕：「春來野花香，秋放白雲忙。閒閒無所事，無語問太陽。」

禪師一邊唱著一邊跳著，對學者說：「這就是我這兩年生活的寫照。」學者聽完沒有回答。

到了晚上，禪師帶著村民念佛做晚課。完了以後，學者非常疑惑地問道：「為何禪師也念佛？」

禪師笑了笑說：「因為他們需要。」

第二天，學者一覺醒來，心裡突然冒出的一句話就是「廓然無聖」。接著又有了一副對聯：「寶藏從此出，樂天遂人願」。

學者感覺很奇怪，便說與禪師聽，禪師聽後只說了句：「我把這副對聯請人寫好掛在客堂。」

到了下午，學者與禪師聊天，禪師隨口吟出兩句詩：「兩手空空放膽量，霹靂如山任君行。」學者想了想，也說道：「你的佛太多了。」

智者給我們總結了一句話：千佛萬佛，不如一佛管用，那就是你自己。無天無地大自在，笑弄風雲平常心。不管是在生活上，還是在工作上，沒有一個絕對的模式，更沒有一個絕對的信仰，唯一能相信的只有自己。

很多人只顧崇拜別人，按著別人的路子走，結果越走越艱難，越走越坎坷，而他們卻不知道這是爲什麼。這個時候最好的辦法就是放下「別人」這個包袱，做回自己，讓自己成爲自己的神，成爲自己的榜樣，這樣的生活才會有更多的快樂。

快樂其實很簡單，它是一種心境，一種頓悟後的豁然開朗，一種釋放重擔後的輕鬆。當放下心的負累，你會覺得這世界其實很美好，你會發現原來快樂就在你眼前。

生活中，不僅放下「別人」是一種快樂，放下「自己」更是一種快樂。世界不是缺少快樂，而是缺少發現。不要過多追求外在的因素，有時快樂就在眼前。我們整個人生的興奮與苦惱無非就是衣食住行或者功名利祿，說到底，也就是無休止的欲望在折磨人，把自己弄得像沙漠中的一粒沙子，飛舞著身體想找一個出口，結果卻不斷地迷路。

一直保持著仰望的姿勢，看到的只能是自己的不足，如果試著給自己一個俯視的機會並且約束自己，過一種比較簡單淳樸的生活，你會發現，這個世界根本就不需要有那麼多的攀比，更不需要爲了這種無謂的虛榮而龍爭虎鬥，生活最重要的意義僅僅只是活著。

別讓自己像個輸光的賭徒，用鬱悶換取虛榮，用青春作爲賭注。放下別人，然後放低自己，就是一種快樂的生活。

空是有的源頭，有是空的終結。一樣事情一旦有，必定告之終結。因此，內心一定要保持常空常有，不要常有常空。

6 結伴終老，遠離啼哭悲惱

人的一生，要爲自己賺到什麼東西？什麼東西不怕海枯石爛，不怕滄海桑田，可以結伴我們終老，遠離啼哭悲惱？

有一次，佛陀在法會上給他的弟子們講了個故事：

從前，有個非常富有的商人，他娶了四個老婆：第一個老婆美麗可愛，具有迷人的身姿，整天如影隨形，陪伴在他的身邊；第二個老婆是他從外地搶來的，她同樣分外靚麗，讓人心動，並且呼風喚雨，無所不能；第三個老婆是一個賢妻良母，她整日忙忙碌碌，把他的生活打理得井井有條，讓他衣食無憂；第四個老婆是她們中最忙的，但是商人卻不知道她整天在忙些什麼，他對她既不關心，也不過問，漸漸地也就忘記了她的存在。

有一天，商人打算出遠門做一筆生意，旅途漫長而又十分辛苦，因此他要選擇其中一個老婆陪伴自己。於是，他把四個老婆一起叫到面前，問她們誰願意去。

第一個老婆說：「我才不願陪你呢，你自己去好了！」

第二個老婆說：「我本來就不屬於你，是你硬把我搶來的，我更不會陪你去！」

第三個老婆說：「旅途那麼漫長，一路風塵，我可沒把握陪你到底，所以我頂多送你一程！」

第四個老婆說：「無論你走到哪裡，我都會跟著你，忠誠於你，聽憑你的呼喚，因為你是我的主人！」

商人無限感慨道：「唉！關鍵時刻還是第四個老婆對我好。」

於是，他就帶著第四個老婆開始了他的漫長旅途。

講完故事，佛陀問座下弟子：「你們聽懂了嗎？這四個老婆就是人生中的四樣東西：第一個老婆是指人的肉體，人死後肉體要與自己分開；第二個老婆是指財產，許多人為了金錢財產辛苦勞作了一輩子，死後卻不能將它們帶走，只能帶著遺憾離開人世；第三個老婆是指自己現實中的妻子、親人和朋友，雖然生前親人朋友情深義重，但是死後還是要分開的，也無法求得永世相伴；第四個老婆是指人的自性，也就是你自己的心靈和天性，你可以不在乎它，但是它會永遠在乎你，永遠忠誠於你，無論你是貧窮還是富貴、快樂還是痛苦，它都會與你永不分離。」

是的，身體是本錢，固然重要；財產是基礎，亦不可缺；親人和朋友是伴侶，少了會寂寞；但最重要的還是自己，是自己的心靈和天性，把它塑造和培養好，我們才會一生受用不盡。

人生在世，錢雖然很重要，卻不是絕對萬能的，因爲除了金錢以外，還有許多對人生更有意義、更值得追求的東西。

凡事不要向錢看，比金錢寶貴的東西很多，慈悲、道德、智慧、和諧、歡喜、關懷、情義等等，才是取用不盡的財富。

第四課 借秘方，是成功的智慧

1 借用他人的智慧

一個人有無智慧，往往體現在做事的方法上。山外有山，人外有人，借用別人的智慧助己成功，是必不可少的成事之道。

不嫉妒別人的長處，善於發現別人的長處並加以利用，協調別人爲自己做事，與合作人之間建立良好的關係，是成大事的基本法則。如果你覺得有必要培養某種自己欠缺的才能，不妨主動去找具備這種特長的人，請他參與你的事業。

三國中的劉備，文才不如諸葛亮，武功不如關羽、張飛、趙雲，但他有一樣別人不及的優點，那就是強大的協調能力，他能夠吸引這些優秀的人才爲他所用，能夠集合眾人才智的公司，才有茁壯成長、邁向成功的可能。

能夠發現自己和別人的才能，並爲己所用的人，就等於找到了成功的力量。聰明的人善於從別人身上吸取智慧的營養補充自己。從別人那裡借用智慧，比從別人那裡獲得金錢更有價值。

廣納意見，將有助於你邁向成功之路。《勸學》有云：「假輿馬者，非利足也，而致千里；假舟楫者，非能水也，而絕江河。」不論是荀子「君子性非異也，善假於物也」的東方智慧，還是牛頓「踩在巨人肩上」的西方智慧，其實質都在一個「借」字，講究借助外部力量求得發展。

一個成功人士肯定擁有良好的人際關係，鋼鐵大王卡內基的墓誌銘上寫道：「長眠於此地的人，懂得在他的事業過程中起用比他自己更優秀的人。」足可見借力的重要性。

2 要有總攬全域的胸懷

孔子說：「小不忍則亂大謀。」要做大事，需縱觀全域，不可糾纏在小事之中，擺脫不出。

《郁離子》中講了這樣一個故事：

趙國有個人家中老鼠成患，為了解決這個問題，他到中山國去討了一隻貓回來。中山國的人給他的這隻貓很會捕老鼠，但也很愛咬雞。

過了一段時間，趙國人家中的老鼠被捕盡了，但家中的雞也全被那隻貓咬死了。這個人的兒子便問父親：「為什麼不把這隻貓趕走呢？」

趙國人回說：「這你就不懂了，我們家最大的禍害在於有老鼠，不在於沒有雞。老鼠會偷吃我們的糧食，咬壞我們的衣服，打通我們房子的牆壁，毀壞我們的傢俱器皿，這樣一來，我們就得挨餓受凍；沒有雞，最多不吃雞肉，並不會影響我們的生活。所以，兩害相較取其輕，還是留下貓比較好。」

這個故事包含了一個簡單的道理：任何事情有好的一面，自然也有壞的一面，趙人深知貓的作用遠遠超過牠所造成的損失，所以決定不趕貓走。生活中也有像這隻貓一樣的人，他們做出的貢獻比起他們身上的毛病和所做的錯事要大得多。若是總盯著別人的缺點和問題不放，又怎麼去團結人、充分發揮人才的積極性呢？

寧戚是衛國人，他在車旁餵牛，敲著牛角高歌。齊桓公看見了，認為他非同尋常，就打算起用他管理國家。

臣子們聽說此事後，為慎重起見，認為應該多瞭解一下寧戚的背景，就勸齊桓公說：「衛國距離我們齊國不算遠，可以派人去那裡打聽一下寧戚的情況，如果他真的是個有才德的人，再起用他也不遲！」

齊桓公聽了以後說：「僅僅因為一個人有些小毛病而拋棄他，不使用他真正的大才，這正是世人失去天下賢士的原因。」

隨後，齊桓公力排眾議，提拔重用了寧戚，讓他做了上卿。

相傳子思向衛王推薦苟變時說：「他的才能可以率領五百輛戰車，可任命他為軍隊的統帥。如果得到這個人，就會天下無敵。」

衛王說：「我知道他的才能可以成為統帥，但是苟變曾經當過小吏，去老百姓家收賦稅時，吃過人家兩個雞蛋，他的德行不高，所以這個人不能用。」

子思說：「聖明的人選用人才，就好像高明的木匠選用木材，用它可用的部分，拋開它不可用的部分。所以，當一圍之大的杞樹、梓樹有幾尺腐爛時，優良的木匠不會放棄它，為什麼？那是因為知道它的妨害很小，最後能做成非常珍貴的器具。現在您處在各國紛爭的時代，要選取可用之才，只是因為兩個雞蛋就不用棟梁之材，這種事可不能讓鄰國知道啊！」

聽了子思的話，衛王拜謝說：「接受你的指教。」

作為統治者，理應從大處著眼，不計較小事小節，能夠忍受自己的部下犯錯誤，寬以待人，這樣才能使他們的智謀為自己所用。

3 善於觀察別人

善於觀察別人，並吸引一批見識過人的良朋好友來合作，激發共同的力量，這是成功者最重要、也最寶貴的經驗。

任何人想成為一個企業的領袖，或者在某項事業上獲得巨大的成功，首要的條件就是要有鑒別人才的眼光，能夠辨識出他人的優點，並在自己的事業道路上利用這些優點。

一位銀行界的領袖曾說，他的成功得益於鑒別人才的眼光。這種眼力使得他能把每一個員工都安排到恰當的位置上，並且從來沒有出過差錯。不僅如此，他還努力使每個員工知道他們所擔任的位置對於整個事業的重大意義，這樣一來，無須別人監督，這些員工就能把事情辦得有條有理、十分妥當。

但是，鑒別人才的眼力並非人人都有。許多領導者都是因爲他們缺乏辨識人才的眼力，常常把工作分派給不恰當的人去做。

其實，一個所謂的幹才，並不一定能把每件事情都幹得很好，而是能在某一方面做得特別出色。比如說，一個擅長做廣告創意的人，未必能勝任管理的工作。一個合格的管理人員，必須在分配資源、制定計劃、安排工作、組織控制等方面有專門技能，但這些技能並不是一個會做廣告的人一定具備的。

人的行爲作風可分爲以下四類：

◎分析型

他們是完美主義者，事事力求正確，精於建立長期表現卓越的高效流程。但他們的完美傾向會導致流程中的大量繁文縟節，做事也喜歡固守陳規。這類人總是會搜集盡可能多的資訊，權衡利弊，甚至無法放棄一些不可能的選擇，常常苦於決策。

◎溫和型

他們適合團隊工作，喜歡與人共事，尤其適宜人數不多的團隊工作或兩人合作。這類人淡漠權勢，精於鼓勵別人拓展思路，善於看到別人的貢獻。由於對別人的意見能坦然接受，所以他們能從被其他團隊成員隨手否決的意見中發現隱藏的價值。

溫和型的人常常願爲團隊默默耕耘，他們的幕後貢獻使他們成爲團隊中的無名英雄。這種無私的奉獻固然偉大，但他們可能會走極端，只顧別人卻忘了及時完成自己的工作。

◎表現型

這類人好炫耀，好出風頭，喜歡惹人注目，是天生的焦點人物。表現型的人喜歡隨機做事，不愛做計畫，不善於時間管理。他們能抓大局，卻往往放棄細節，喜歡把細節工作留給別人去做。

◎推動型

推動型的人注重結果，他們喜歡訂立高卻實際的目標，然後付諸實踐，善於決斷是其顯著特點。推動型的人無論是表達意見還是提出要求都很直率。

推動型的人看重眼前實際，很少理會理論、原則或情感，懂得隨機應變。但這類人有時太好動且行動迅速，容易因倉促而走彎路，從而帶來一些新問題。

一個賢明的管理者應該知道，跟不同風格的人共事並不是壞事。只要各自的工作風格能夠珠聯璧合，配合得天衣無縫，他們的合作就會強而有力。他不僅應該細心研究自己及周圍人員的性格特點、工作作風以及心理狀態，更應做到因地制宜、對症下藥，這樣工作起來才能得心應手，達到事半功倍的效果。

4 資訊交流，凝聚思想

在資訊時代，如果將資訊比作力量，那麼，能夠最有效地進行資訊交流的人就是最有戰鬥力的人，能夠最有效地進行資訊交流的團隊就是最有凝聚力的團隊。

星雲大師在《厚道》一文中說：「過去，中國人發明火藥、指南針、造紙術，也都公之於世界，這許多偉大的發明直至今日還讓中國人揚眉吐氣於世界。但不知從何時開始，中國人開始保有很多的秘方，不肯將其公開，成爲全人類的財富，例如有許多治病的秘方、養生的秘方、美容的秘方、增高的秘方、瘦身的秘方，乃至做菜的秘方、種植的秘方等。自己擁有的知識方法不肯公之於世，到最後所有的秘方都隨著自己進入棺材，於世不傳，實爲可惜。」

資訊交流至關重要，它能夠讓團隊成員在交流中彼此加深瞭解，在互相學習如何利用資訊中強化團隊意識。因此，資訊交流是提高團隊凝聚力的法寶，每一個團隊都應該爲團隊內部的資訊交流提供暢通的管道。

5 尋找解決問題的新角度

無論是工作還是生活，面對問題遇到瓶頸都在所難免，這大多是由於人們只在同一角度思考造成的。如果能換一換視角，從新的角度考慮問題，情況或許會得到改觀，創意也會變得有彈性。記住，任何創意只要能轉換視角，就會生出更多新意。

在遇到難以解決的問題時，有的人會選擇放棄，有的人會選擇不達目的不甘休，有的人則會改變思路，尋求解決問題的新角度。毫無疑問，最後一種人是最有可能解決問題，並大有收穫的人。

面對難以解決的問題，與其死盯住不放，還不如轉換一下思路，或許能到達化難爲易、解決問題的目的。聰明人可以把複雜問題簡單化，不聰明的人則會把簡單的問題複雜化。事實上，化繁爲簡，就是一種新的視角。

把自己生疏的問題轉換成熟悉的問題，開啓另一個視角，也會產生一條新思路。

很久以前，人類都是赤腳行走的。國王去偏遠的鄉間旅遊，路上有很多碎石頭，把他的腳硌得生疼，他大怒，回到皇宮後，就下令將國內所有的道路都鋪上一層牛皮。

他覺得這樣做，不僅可以讓自己不再受苦，也能讓全國老百姓受益。願望雖然是好的，但是哪裡能弄來那麼多牛皮呢？就算把全國所有的牛都殺了，也籌措不到足夠的皮革，這還沒有算用牛皮鋪路所花費的金錢、動用的人力。但既然是國王的命令，又有誰敢說個「不」字呢？

就在大家為此發愁的時候，一個聰明的大臣向皇帝諫言說：「國王啊！為什麼您要勞師動眾，犧牲那麼多頭牛，花費那麼多金錢呢？您何不只用兩小片牛皮包住您的腳，這樣不就能免受石頭硌腳之苦了嗎？」

國王一聽，當下醒悟，於是立刻收回命令，改用這位大臣的建議。據說，這就是「皮鞋」的由來。

換一種觀察和解決問題的新視角，不能辦的事就會轉化爲能辦的事。其實，尋求解決問題的新角度有很多方法，比如，可以讓產生問題的條件發生改變，也就是思考如何通過改變事物存在與發展的決定條件，使其隨之發生適應某個問題的某種變化，從而獲得解決問題的辦法或啓示。這就需要你努力從眾多的新角度去思考某一事物或問題，以便獲得更多的新認識，提出更多的解決問題的新辦法。

尋找解決問題的新角度本身就是一種創新，一種改變。所謂「退一步海闊天空」，很多時候就是這樣看似不起眼的一步，卻可能令局面大爲改觀，讓我們看到「柳暗花明」的一片新天地。

6 千萬不要小覷小力量的集合

借人之力是獲取成功的捷徑之一，但是在這條捷徑上，人們總是習慣於將目光聚焦到那些有權勢、有財富的名人或富豪身上，認爲只有這些人才是自己人生路上的「貴人」，才能助自己一臂之力。

可是，大人物們高高在上，別說去求他們，連找到他們都很難。遇到這樣的情況，我們該怎麼辦呢？坐以待斃，還是靠自己蠻幹？其實，不妨將目光投到某些小人物身上。

對待「小人物」，不能一味地趾高氣揚，應該懂得變通，在沒有大人物可以選擇的時候，向小人物借力也是不錯的選擇。歷史上，「雞鳴狗盜之輩」曾經幫孟嘗君逃脫大難，不就是很好的證明？

小人物就像小螺絲釘，運用得當，就能推動大機器運轉。所以，不要小看「小人物」，「小人物」也會有「大用處」。

一九七三年石油危機之前，總公司設於東京新宿的小型超市董事長堀內寬二大聲呼籲：「面對大規模的超級市場，中小型超級市場要生存下去的唯一途徑就是團結。」

剛開始，響應號召的超有市場只有十家，總營業額也不過數十億日圓。

但經過一段時間的努力，到一九八二年二月底，聯合超市的聯盟企業達到一百四十五家，加盟店的總數有一千六百多家，總銷售額高達兩千七百五十億日圓。

而且從第二年起，加盟的企業總數持續膨脹，總數增加到了三千家，銷售額高達四千七百一十六億日圓，遙遙領先大隈、伊藤賀譯堂、西友等大規模的超市。

堀內寬二這個原本微不足道的小超市經營者，憑藉著中小型超級市場不團結就無法生存的理念，將聯合超級市場發展到了連他自己都沒料到的龐大規模。目前，在日本各地都可以看到聯合超級市場的綠色廣告招牌。

「眾人拾柴火焰高」，通過聯合的力量，可以實現個人力量所不能實現的目標。很多小企業、小公司，在激烈的競爭中被衝撞得東倒西歪、飄飄搖搖，雖然也有頑強的生命力，但終難形成氣候。要想在競爭中站穩腳跟，小企業、小公司就得聯合統一戰線，共同出擊，以群蟻啃象之勢，去迎接各種挑戰。

要靈活變通，千萬不要只逢迎那些所謂的達官貴人，也要懂得和小人物建立關係，而且，更不可得罪「小人物」，尤其是大人物身邊的「小人物」。他們雖「小」，卻能親近大人物，只要能巧妙地借助他們的力量，同樣可以助你辦成大事。

第五課　好習慣，是成功的關鍵

／習性就如地球，每天自轉

習慣人皆有之。南方人習慣吃大米，北方人習慣吃麵條，這是生活習慣；有的人喜歡邊聽音樂邊學習，有的人則習慣於神情專注、不受干擾，這是學習習慣；有的人工作時習慣快刀斬亂麻、雷厲風行，有的人則習慣有頭有緒、條理不紊，這是工作習慣。

習慣真可以說是無處不有、無處不在、無孔不入。正因爲習慣如此之多，以至於人們常常忽視它的存在，無視它的作用。但若想成功，千萬不要忽視習慣的作用，好習慣是成功的助力，而壞習慣則可能是通往成功之路的絆腳石。

不同的習慣造就了不同的命運。比如人們常說的思維定勢其實就是一種習慣。一旦你的思維形成了定勢，這種思維習慣就會決定你的思維成果。

如果你的思維習慣於開拓、創新，那麼你就能很容易產生新奇的想法，冒出想法的火花；如果你的思維習慣於凡事穩妥、沒有積極創新的意識，那麼你的大腦就只能產生保守的、步人後塵的觀念。就如同你已養成了刷牙的習慣，那麼在飯後睡前連想都不用想就會走進盥洗間。

當我們每天重複做一件相同的事情時，那件事情就會成爲習慣。所有的習慣都是逐漸養成的，無論好壞。習慣還有另一層含義：常常接觸某種新的情況而逐漸適應，也就是人們常說的「習慣成自然」。

開始也許會覺得有些困難，但當你做到一定程度時，難的也就變得容易了；當變得容易時，你就會喜歡你的新習慣；一旦你喜歡上你的新習慣，你就會更願意時常去做。

2 專心做好一件事

一個人的精力是有限的，同時把精力分散在好幾件事情上，不是明智的選擇。

佛家主張「一件事原則」，即只要能專心地做好一件事，就能有所收益和突破人生困境。想成大事者，不能把精力同時集中於幾件事上，只能關注其中之一。也就是說，不能因爲從事分外工作而分散了我們的精力。

荀子在《勸學》中說得好：「蚓無爪牙之利，筋骨之強，上食埃土，下飲黃泉，用心一也。」即使底子再薄弱，力量再微小，只要專一，就一定能達到目標。

戴爾是美國西雅圖一所著名教堂德高望重的牧師。他向學生宣布：誰要是能背出《馬太福音》第五章到第七章的全部內容，他就邀請他到西雅圖的「太空針」高塔餐廳免費就餐。

太空針高塔高一百八十五米，在高塔餐廳可以一覽西雅圖的美景，那裡的甜點更是孩子們嚮往的美味，可是要獲得這個機會並非易事，因為《馬太福音》第五章到第七章又稱「山上寶訓」，有幾萬字，要背誦全文有相當大的難度。

一天，一個十一歲的學生胸有成竹地坐在泰勒牧師面前，將那段篇章從頭到尾一字不漏地背了下來，沒出一點差錯，而且背到後面，生硬的背誦竟成了神情並茂的朗誦。戴爾牧師驚訝地張大了嘴巴。

牧師不禁好奇地問：「你是如何背下這麼長的文字的？」

這個孩子不假思索地回答：「專心致志地去背。」

十六年後，這個孩子成為一家知名軟體公司的老闆，他的名字叫比爾．蓋茲。

在生活中，很多人之所以沒能實現早年確定的目標，大都是因爲他們容易見異思遷，不夠專注。如果不能專心致志地做事，便只能探究到事物的表層。真正有所建樹的成功者都是集中精力專注某一領域，並且堅持不懈地去探索，最終才能創造出前人無法企及的成果。

儘管有的人能夠不斷地產生新的目標、新的規劃和思想，但是當要開始實行某一計畫、著手去做具體事情時，他們卻很難專注下去。之所以會三心二意，說明他們根本不知道真正的目標在哪裡，因此，所有的事情都將無果而終。所以說，專注是成就事業的基石，不少成功者都是依靠這一法則在社會中立足的。

把你需要做的事想像成一大排抽屜，你的工作只是一次拉開一個抽屜，然後出色地完成抽屜內的工作，再將抽屜推回去。不要總想著所有的抽屜，而要將精力集中於你已經打開的那個抽屜。一旦把抽屜推回去，就不要再去想它了。

在激烈的競爭中，如果你能將注意力集中在一個目標上，成功的機會將大大增加。

3 注重培養細節意識

細節雖小，但它的力量是不容忽視的——它可以幫助你在第一次就把事情做到位，假如你忽略它，它會扯你的後腿，導致你的進度落後。

今日的競爭更是細節的競爭，企業只有注意細節，在每一個細節上做足工夫，建立「細節優勢」，才能保證業績長青。

如果一個公司在產品或服務上有某種細節上的改進，也許只會給用戶增加百分之一的方便，然而在市場佔有率上，這百分之一的細節卻會引出幾倍的市場差異。因此，企業應首先從培養員工的細節意識意識入手。

要培養這種意識，應該把功夫用在平時，勿以善小而不爲，培養細節意識要從日常的點點滴滴做起。

一個人要能夠在很基礎、很凌亂的事務中保持冷靜的分析、思考，才能把自己所做的工作昇華爲成功。

4 保持求知若渴的學習力

知識的積累比財富更有價值，它能使一個人從博學中領悟智慧，能幫助一個人從黑暗走向光明。

財富可以天生擁有，而知識卻要通過學習才能獲得；知識可以轉化成財富，財富卻無法買到知識；財富可能在一夜之間消失，知識卻可以讓自己受用一生；財富會貶值，而知識只會越來越有價值。人們常說「知識就是財富」，卻從未聽說有「財富就是知識」的說法。

有人喜歡聚斂錢財，對他們來說，知識只是獲取錢財的一個手段。但這些浮雲身外之物，往往會隨著時間和境遇而來去匆匆。唯有知識的積累，才是實在而永久的。

那些學識淵博、經驗豐富的人，比那些庸庸碌碌、不學無術的人成功的機會更大，許多天賦很高的人終身徘徊在平庸的職位上，是因爲他們不思進取，寧願把時間消磨在娛樂場所或閒聊中，也不願意看書學習。

其實，隨時隨處都有知識可以積累。因此，對於一切能接觸到的事物，我們都要細心觀察、研究，如此，所獲得的內在財富會比有限的薪水高出數倍。

5 養成惜時如金的好習慣

佛經講「照顧當下」。等待明天，明天過了還有明天；等到以後，以後之後還有以後。在等待中，浪費了多少今朝明日；在等待中，消耗了多少希望與雄心！只會等待的人，永遠不能成功！

你最寶貴的財富就是你手中的時間，珍惜時間是人類永恆的話題，這可能緣於我們對生命的珍惜和對死亡的恐懼；同時，也由於時間既不能逆轉，也不能儲存，是一種不能再生的、特殊的資源。想要成功的人應牢牢記住：昨天是一張註銷的支票，明天是一張期票，只有今天才是手上的現金，是我們唯一能利用的時間。

可能你會說，上班工作，下班休息，就這麼簡單，無所謂珍惜不珍惜。那你就錯了。時間對我們來說是零碎的，珍惜時間就是要做到有效使用零碎的時間。

如果你按著下面的建議去做，你就會發現每天你比別人多出了一兩個小時。

◎計畫

爲自己的一天和一周制訂一個計畫，否則，你就只能按照碰巧落到桌上的東西去分配你的時間，也就是完全由別人的行動來決定你辦事的優先次序。

◎工作表

先在紙的一面列出在某階段特定的時間裡要做的事情，例如開會、約會等，在紙的另一面列出待做的事項，你計畫在一天中要完成的每一件事都要列上，然後把紙的兩面都審視一遍，並在每件事情的前面按照重要程度標上序號。過一段時間，如果你發現自己總是把一項工作從一天的表上移到另一天的表上，那就說明你的拖延症很嚴重，需要更嚴格地要求自己。

◎帕金森定律

帕金森說過，紛繁的工作會占滿人所有的時間。爲避免帕金森定律在你的身上起作用，你需要爲某項工作定出完成期限，且時間不能太長，這樣你就會很快把它完成。這也就是你爲什麼要定出每天工作計畫的目的所在。沒有這樣的計畫，你對很困難或者很輕鬆的工作就會產生倦怠，因爲沒有緊迫感。

◎改變習慣

改變習慣的方式有兩種：一種是強迫自己按新設計的行爲模式辦事，直到這種模式生根爲止；另一種是利用獎勵辦法來逐漸形成一種新的習慣。

◎強制去完成

古人云：「行百里者半九十。」工作也是如此。能夠開始當然很好，繼續做下去更好，但只要沒有結束，就不算你完成任務。很多人有把自己的工作做一點又放在一邊的習慣，還自我欺騙，好像已經完成了什麼。這等於是在白白地浪費時間，因爲你常常不得不回頭重新去做，你先前所用的時間就等於浪費了；同時，再回頭做這件工作，你又要從頭再來。

◎溝通

人與人之間缺乏清楚、直接、恰當的溝通也常會造成時間的浪費。伏爾泰說過：「天賜語言給人，是使他能夠隱藏他的真正感覺。」在我們和老闆、同事和下屬講話的時候，常常說自己認爲應該說的或你以爲別人喜歡聽的話，並沒有表達出真正的意向。所以，坦誠明白地溝通可以使大家都清清楚楚，避免在繞圈子上浪費時間。

◎零碎的時間

在約好和你一起吃中飯的人遲到時，或者當你堵在路上時，又或者在銀行裡排隊時……不要把這些零碎的時間白白耗掉，你可以做一些平常來不及做的某些事情，如想想某件事應該怎麼做。

◎保有你的週末

除非有緊急情況，否則不要讓工作延長到週末。在週末不妨徹底輕鬆一番，完全遠離辦公室的事務，這有助於你更有效地利用下一周的時間。

◎最重要的是今天

一定要認識到今天是我們唯一「能運用的時間」，做到合理支配，這樣才能做好時間管理。過去已經一去不復返，未來只是意念中的事，世界上每一件事情的完成，都是由於某一個人或某些人認識到今天是行動的唯一時間。

機緣是要等待的，實力是要慢慢培養的，但是，一些好事、善事是不容蹉跎、不容等待的！所以，凡事不能等待別人，別人不是我；凡事不能等候明天，明天還未到來。

6 做好人生規劃

我們在憧憬美麗人生時常常覺得：準備起跑的自己與那個最想要的結果彷彿隔著幾重門。雖然很少人可以幸運地一步登天，但有些人的確走了捷徑，關鍵就看你是瞎打亂撞，還是有選擇地策劃每一段人生。

有些人總是不知道自己想幹什麼，他們把自己生活的控制權交給別人卻不自知。只不過是因爲害怕做出錯誤的選擇，他們便不願花時間設計自己的未來。這些人的生活由他人支配，身上被強加了諸多別人的目標，而面對這種狀況，他們卻只是默認，不願做任何改變。

清晰的決策不會自動產生，它需要你的身體力行。如果你只是因爲不知道想要什麼而沒有清晰的目標，那就坐下來積極地思考一下。對自身渴望的瞭解並不是由某種神力賦予你的——你得自己決定。

確定自己的目標，就像選一條路。雖然條條大路通羅馬，但有翅膀的應該選擇空中的路，而不是地上的路；沒有翅膀、但是有輪子的，應該選擇平坦的路，不是坑坑窪窪的路；既沒有翅膀也沒有輪子的，就要選擇距離近的路，哪怕有點小坑……你需要對自己有充分的瞭解，對可能的成功道路有充分的瞭解，揚長避短，選擇適合自己的目標。

對自己擁有什麼資源、有什麼優缺點、適合做什麼不適合做什麼等，有一個客觀的認識；還要對社會現狀和發展趨勢進行分析，弄清楚在今天和未來，在什麼領域成功的機會更多，以什麼方式更容易成功，自己最大的難關是什麼。

人的奮鬥目標明確了，儘管不完美，也要立即行動，在行動中完善完美。

在你準備起跑的時候，下面的幾條建議或許能對你有所幫助。

第一，不要因爲地位卑微而自棄，當壓力重重襲來時，只要你能堅持住，必能迸發出巨大的能量。

第二，用心拓展自己的興趣、見聞和知識結構，提高分析、整合和邏輯思維的能力。

第三，盡可能多地去接觸不同的行業，瞭解得越多，越有可能發掘出潛藏的機會和各方面之間的內在聯繫，或許那些希望的種子就隱藏在這些未被人發現的機會裡面。

第四，善於借助他人的力量，建立良好的人際關係，爲將來發展時得到別人的幫助打下良好基礎。

第五，向資深同事學習，追求更高的效率，博得更好的評價。對於新手而言，完全靠自己憑空摸索很不容易，但一味模仿他人的做法，終究無法真正地邁進。

第六，做個有心人，經常思考自己的前途，策劃每個階段的發展模式，不要因為白白虛度了幾年光陰而放棄追求。只要你有所計畫，什麼時候開始都不會晚！

第六課 說好話，是成功的基礎

1 一言折盡「平身福」

俗謂：「良言一句三冬暖，惡語傷人六月寒。」語言是傳達感情、溝通交流的工具，但是如果運用不當，雖是出自無心，也會成爲傷人的利器。

有一句話是這麼說的：「語言，要像陽光、花朵、淨水。」語言非常重要，說不定哪一句話說得不對，或是說得讓人聽著刺耳，就會得罪別人。所以，我們在交談的時候要愼重。

首先，態度要誠懇，只有這樣才會有一個雙方都樂於溝通的氛圍。態度傲慢並不能表現你的優越感，反而會暴露出你缺乏修養，這也是交談的一大禁忌。但親切友好的態度則會讓對方甚至對手心裡放鬆，讓他願意與你暢談、傾訴。

其次，說話的時候語言要文明，這一點相當重要。使用文明語言既是對別人的尊重，也是對自己的尊重。另外，隱私和敏感話題也要儘量少談及，以免讓對方感到尷尬和不快。

最後，還要注意肢體語言，這一點非常重要。目光注視對方，表情要自然，要不時地點頭，適時地微笑。有些時候，我們需要與對方保持適當的距離，不能太遠，否則會聽不清彼此之間所要交談的內容，也不宜太近，以免給對方造成壓迫感。

人世間沒有十全十美的人，因爲凡人皆有其長處，也難免有短處。在談話時，你要極力避免說別人的短處，否則，不僅會使別人的尊嚴受到損害，也會將你的品德缺陷暴露出來，所謂「一言折盡平生福」就是這個意思。

你要明白，你所知道的關於別人的事情並不一定可靠，也許另外還有許多隱衷是你所不熟悉的。如果你貿然拿自己聽到的片面之言到處宣揚，一旦事後徹底明白了真相，又怎麼將說出去的話收回來呢？

有一種人專好推波助瀾，把別人的是非編得有聲有色，誇大其詞地逢人就說。不知道世間有多少悲劇由此而生。在你談論別人的短處時，也許禍患的幼苗已經在不知不覺中種下。

想要有一個好的口才，最好給自己定下一條戒律：只頌揚別人的美德，永遠不要用議論別人的短處來污辱你的口、污辱你的人格，否則，你將永遠找不到一個願意和你接觸的朋友。

如果別人向你說某人的短處，你唯一能做的就是聽了就算，像保守自己的秘密一樣謹緘金口，不可做傳聲筒，也不聽信片面之詞，更不必記在心上。和談論別人的短處一樣，你也不可就表面的觀察便在背後批評別人，除非這是好的批評。說一個壞人的好處，旁人聽了最多認爲你無知；把一個好人說壞了，人們則會覺得你居心不良。

2 生硬地質問只會壞事

星雲大師在一次演講中說：「有的人說話喜歡用問號，有的人說話喜歡用句號，還有的人說話喜歡用驚嘆號，甚至有的人說話喜歡用刪節號……喜歡用句號講話的人，凡事總會給你一個交代或答案；喜歡用刪節號講話的人，只要你虛心探究，也總能知道他的內容；用驚嘆號講話的人，喜歡大驚小怪，虛張聲勢；唯有用問號講話的人，內容比較複雜。」

問號，有時表達的是善意的關懷，這時產生的結果是好的；但有時，問號也會產生不良的結局。例如，對人問安時說：「你好嗎？」「你吃過飯了嗎？」「你近來如何？」這些都是善意的問號。也有的人跟人請示：「你對時局的看法如何？」「你對社會的經濟發展有何見解？」這些都是中性的，無所謂好壞。

最可怕的就是責備的問號——質問。如：「你來這裡幹什麼？」「怎麼到現在還沒有做完？」「爲什麼花了那麼多錢？」「爲什麼吃那麼多東西？」「你今天怎麼來那麼遲？」用這種口氣對人說話，很難有好的結果。

談話時習慣質問對方的人，多半心胸狹窄，好吹毛求疵、與人爲難，或性情怪僻，或自大好勝。先質問，後解釋，猶如先向對方打了一拳，然後再向他解釋爲何打他一拳，被質問的人會被弄得不知所措，自尊心受到嚴重的打擊，假如他是個脾氣不好的人，肯定會惱羞成怒，進而激起激烈的爭辯。

誠實、虛心、坦白和尊敬別人，都是談話所必備的條件。把對方爲難一下，藉以逞一時之快，於人於己皆無好處。你不願別人損害你的自尊，別人也不會願意接受你的質問。當你不認同他人的意見時，可以詢問他這麼想的原因，也可以向他解釋你自己的想法，但方法、態度一定要真誠大方。如果你想讓對方心悅誠服，那越是在意見有分歧的時候，就越不可用質問的方法。當對方被你的質問難住時，也許在形勢上他敗了，但他對你必定會懷恨在心。

雖然在朋友的笑謔中，偶爾以質問的語氣開開玩笑是可以的，但不要常常用，以免成了習慣。因此，你要時刻提防自己的語氣，溫厚待人就是在爲自己留餘地。

3 留心生活，積累幽默素材

幽默是一種天賦，也是一種閱歷，它可以天生，更可以後天培養。靈活運用「幽默」，有助於你建立良好的人際關係，做起事來也會事半功倍。當然，幽默要建立在對生活素材的充分積累上才會發揮效用，一味照搬照抄只會弄巧成拙。

在一個小飯館裡，一位客人點了一隻雞。當菜上來之後，客人發現這雞的做法和平時不一樣，感覺好像是不同的雞塊拼湊而成的，便問服務員：「我怎麼發現這雞的兩條腿一條長一條短呢？」

這時服務員便調侃地說：「先生，您到底是來吃雞的，還是來和雞跳舞的？」

一語激起千層浪，客人聽後怒不可過，認為是在侮辱他，於是找到餐館經理大鬧了一場。

幽默有個前提，就是你要瞭解自己，知道自己的身分，還要弄清楚自己是否是一個具有幽默稟賦並能靈活運用的人。如果不瞭解這一點，只是憑自己的興致，不分場合地說一些你自己認爲十分有趣的笑話，是不會收到良好效果的。如果你的幽默與當時的形勢及場合極不協調，那麼你自認爲的幽默或是笑話只會讓周圍的人不屑一顧，甚至引起他們的反感，會被人視爲對自己的侮辱而遭到反對。

想成爲真正的幽默家，需要頭腦靈活，反應敏捷，知識廣博，閱歷豐富，熱愛生活，口才卓越。這比只是運用現成的小幽默故事要難得多，但產生的實際效果也比其強得多，能充分地展現一個人卓爾不凡的交際風采。

積累幽默的素材，創造生活中的幽默，最最重要的就是要細心地觀察生活、體味生活。因爲，所有的幽默都來自生活，是生活的結晶。只要你對生活多留心，多去體悟，你就會發現生活本身就是幽默的，你的幽默也才會非常自然、恰當，而不是顯得做作。

任何幽默都離不開生活，生活是幽默的土壤。劇作家沙葉新認爲，只有熱愛生活並能深刻明察事物本質矛盾的人，才具有相應的幽默感。幽默是一種對生活積累的提煉，也是對生活哲理的挖掘。

有人曾經問喜劇大師卓別林：「爲什麼你的表演能使人從心裡發笑，而別人卻難以做到？」卓別林只回答了一句話：「那是生活教給我的。」所以，積累幽默材料的過程就是一個觀察生活、體味生活的過程。

幽默不是惡搞，不是簡簡單單逗人一樂。幽默要機智、會心，還要有一點點灑脫和大度。只有能靈活駕馭幽默的人，才能爲語言增添色彩，提高自己的吸引力和風度。但如果不切合場景，只學會幽默的皮毛，卻抓不住幽默的精髓，輕則你的幽默成爲無人理睬的冷笑話，重則賠了夫人又折兵。

有很多人總是覺得自己沒有幽默的細胞，無論怎麼樣都不能談笑風生。其實，幽默也是一種能力，可以後天培養。要做到在說話或演講中幽默自如、遊刃有餘，就要提前準備好幽默素材。

英國前首相狄斯雷利的一次演講十分成功，有個年輕人向他祝賀說：「您剛才那席即興演說真是太棒啦！」狄斯雷利回答道：「年輕人，這篇即興演說稿我準備了二十年。」

二十年未免誇張了些，但狄斯雷利告訴了我們一個道理——你要發表一個成功的演說，和聽眾打成一片，就要花時間去收集素材，如笑話、故事、趣聞或妙語等，這些幽默的佐料會使你融入人們的興趣和思想中。

任何一個偉大的即興演說家，都是通過這種努力來獲得成功的。所以，要想成爲一個幽默的人，就要在平時細心積累幽默的素材。如果在你的腦海裡熟練地記憶著幾百個幽默笑話，你隨口就能說出來，怎麼可能會不幽默呢？

用過於嚴肅的態度生活，難免使人感到沉重。人生不如意事十之八九，若總是唉聲嘆氣，生活必然一片灰暗。換一種心態，調侃一下生活，你會發現這個世界原來是如此美好，生活充滿了希望和快樂。會調侃的人懂得如何給生活添加佐料，受到不公平待遇也能泰然處之，即使心情鬱悶，也能通過開玩笑的方式給別人傳達某種資訊。這種人熱愛生活，大智若愚，充滿了人格魅力，深得眾多朋友的喜愛，因此成功的機會也比一般人多。

4 說出別人愛聽的讚美

每個人都希望受到周圍人的讚美，希望自己的價值得到肯定。學會讚美，有時可以絕處逢生。

十九世紀初，一個窮困潦倒的英國青年一篇又一篇地向外投寄稿件，卻一次又一次地被編輯退回。

正當他快要絕望時，他意外地收到一位編輯的來信，信很短：「親愛的，你的文章是我們多年來夢寐以求的作品，年輕人，堅持寫下去，相信你一定會成功的！」

正是這幾句讚美的話，給了絕望的青年勇氣、力量和信心，讓他堅持了下來。幾年後，這個年輕人成為一代文學巨匠，他就是狄更斯。

也許，那位編輯壓根就沒有想到，他那封三言兩語的信，竟會讓一個人絕處逢生。

「一句讚美的話能當我十天的糧。」馬克．吐溫的這句話形象地說明了讚美的作用和力量。人類天性渴望被認同，每個人都希望能得到他人的讚賞。美國第十六任總統林肯說：「人人都需要讚美，你我都不例外。」心理學家威廉詹姆斯也說：「人性中最本質的願望就是希望得到讚賞。」行爲專家認爲，當大腦接收到讚揚的刺激，大腦皮層形成的興奮狀態就會調動起各種系統的積極性，行爲就會發生改變。

在生活中，很多時候，一個微笑，一聲讚美，一句鼓勵，再簡單不過，給人的感受卻溫暖如三月的陽光。所以，請不要吝惜你的讚美之詞。

但是，怎樣才能做到會讚美呢？

◎**真誠是前提**。

讚美應該以真誠為前提，虛偽和做作只會讓讚美顯得蒼白無力。虛假的讚美不僅達不到想要的結果，還會讓人認為是諷刺挖苦或者是溜鬚拍馬，讓人感到厭惡。

◎**具體是真諦**。

讚美應該是針對某個人或某件事而言的，空洞的讚美只會讓人覺得虛偽。如果在讚美之前，把要讚美的話語具體化，效果就會大有不同。如「聽說你的文采不錯，思路開闊，文筆犀利，直切要害，你真是個才子呀！」就要好得多。

◎**準確是靈魂**。

準確是讚美的靈魂，所以讚美時不要張冠李戴，以免鬧出笑話。比如，一個媽媽讚美別人的兒子英語成績比自己的兒子好：「你看人家某某，比我們家老二強多了，不用說廿六個字母，就連四十八個音標都背得滾瓜爛熟。」這樣的讚美真是讓人哭笑不得。

◎ **及時是雨露。**

當下屬在工作中有突出表現時，上司要及時地給予讚美；當孩子考試成績有進步時，家長要及時地給予讚美；當朋友有了某方面的成就時，也要及時給予讚美。這樣，你的人際關係就會越來越好。

5 傾聽是獲得他人好感的關鍵

國王有一天收到鄰國王子送來的三個一模一樣的金人，使者說王子要請教國王一個問題：三個金人哪個最有價值？回答正確的話，這三個金人都將全部歸國王所有，回答錯誤的話只可獲得一個金人。

這可難倒國王了，因為無論是重量還是做工，它們都是一模一樣的。

最後，一位智慧的老臣拿著三根稻草走到金人面前。他把一根稻草插入第一個金人耳朵裡，稻草從另一邊耳朵掉了出來；然後，他又將一根稻草插入第二個金人的耳朵裡，結果稻草從嘴巴裡掉了出來；最後，他把第三根稻草插入第三個金人耳朵裡，稻草掉進了肚子裡。

老臣說：「最有價值的是第三個金人！第一個金人是左耳朵進，右耳朵出；第二個金人是用耳朵聽了，用嘴巴說出來；第三個金人則是用心去傾聽。」

使者默默無語，答案正確。

一對會傾聽的耳朵勝過一張能言善辯的嘴。傾聽是獲得他人好感的關鍵，用心地傾聽他人話語勝過在眾人面前口若懸河、滔滔不絕。

那些整日在他人面前喋喋不休的人，總顯得鋒芒畢露、油嘴滑舌。話說多了，還有可能禍從口出。而靜心傾聽卻沒有這些弊病，用心傾聽別人說話，別人會覺得你謙虛好學、誠實可靠、善解人意。

善於傾聽的人常常會有意想不到的收穫：蒲松齡因為虛心聽取路人述說，寫下《聊齋誌異》；唐太宗因為能夠傾聽魏徵等人直諫，成就了大唐盛世；劉玄德因為恭聽諸葛亮之言，而問鼎三國。

用心傾聽是對說話者的尊重，它不僅是維繫人際關係、保持友誼的最有效的方法，更是解決矛盾衝突和處理抱怨的最好方法。

傾聽的能力能幫我們構建穩定的人際關係。凡是高明的談話者，都有很好的傾聽能力。他們在聽別人說話的過程中，能夠體察別人的感情，體諒別人的難處，寬恕別人的錯誤，容忍別人的缺點；他們有耐心，能夠長時間地聽取別人零亂、不成熟甚至是語無倫次的談話；他們還擁有一顆謙虛的心，一顆善於學習的心，能夠從別人的談話中找到要害，用別人的思想來提升自己；他們又都是有趣的人，偶爾聽到別人說出有趣的話，就會心地笑，當別人講出一些經典話語時，就連連點頭。由於具備這種素質，高明的談話者往往能深刻洞察別人的心思，他說出口的話也能深入對方內心。

希臘哲人芝諾說：「我們之所以長著兩隻耳朵一張嘴，是爲了多聽少說。」當一個青年向他滔滔不絕地說話時，他打斷說：「你的耳朵掉下來變成舌頭了。」

有許多能言會道的人，他們只想表達自己，卻很少有心情去傾聽他人。雖然他們和別人交流的機會非常多，但並不瞭解別人，人緣一般。只有讓對方多說，瞭解他的機會才會越多。而越瞭解一個人，你就越能贏得他的好感，他就越願意與你打交道。

與人聊天時，別只顧著自己說，也要問問別人：「你是怎麼認為的？」多聽別人說，引導別人多說，才是有效的溝通之道。

想做一個高明的談話者，還是想做一個滔滔不絕但令人反感的人，由你自己決定。

6 不妄語，信用自能幫人賺錢

「君子一言，駟馬難追」，講的是做人的信用度。一個不講信用的人，是爲人所不齒的。

人無信不立。信用是個人的品牌，是辦事的無形資本。有形資本失去了還可以重新獲得，而無形資本一旦失去就很難重新獲得了。因此辦事再困難，也不能透支無形資本。

諸葛亮有一次與司馬懿交鋒，雙方僵持數天，司馬懿就是死守陣地，不肯向蜀軍發動進攻。諸葛亮為安全起見，派大將姜維、馬岱把守險要關口，以防魏軍突襲。

這天，長史楊儀到帳中向諸葛亮稟報：「丞相上次規定士兵一百天一換班，今已到期，不知是否……」

諸葛亮說：「當然，依規定行事，交班。」眾士兵聽到消息立即收拾行李，準備離開軍營。忽然探子報魏軍已殺到城下，蜀兵一時慌亂了起來。

楊儀說：「魏軍來勢凶猛，丞相是否把要換班的四萬軍兵留下，以便退敵急用。」

諸葛亮擺手說：「不可。我們行軍打仗，以信為本，讓那些換班的士兵離開營房吧。」

眾士兵聞言感動不已，紛紛大喊：「丞相如此愛護我們，我們無以報答丞相，決不離開丞相一步。」結果，蜀兵人人振奮，群情激昂，奮勇殺敵，魏軍一路潰散，敗下陣來。

諸葛亮向來恪守原則，當換班的日期來到，就毫不猶豫地交班，就是司馬懿來攻城也不違反原則。以信為本，誠信待人，終於成就了他。

顧炎武曾以詩言志：「生來一諾比黃金，那肯風塵負此心。」表達自己堅守信用的態度。言必信，行必果，不但是對別人的尊重，更是對自己的尊重。

當朋友托我們辦事時，能做到當然最好，如果不能，就不要一口應承下來，不要做「言過其實」的許諾。因爲，諾言能否兌現，除了個人努力的問題，還有客觀條件的因素。平時可以辦到的事，由於客觀環境的變化，一時又辦不到了，這種情形是常有的事。因此，在朋友面前不要輕率地許諾，更不能明知辦不到還打腫臉充胖子，逞能許下「寡信」的「輕諾」。當你無法兌現諾言時，不僅得不到朋友的信任，還會失去更多的朋友。

既然許下了諾言，就不能反悔。所以，不要輕易向人承諾，這是不失信於人的最好方法。

TIPS

培養好口才

有位美國政要曾經說過這樣的話：「個性和口才的能力比起外語知識和哈佛大學的文憑更爲重要。」的確，口才很重要。但你也許會說：「我天生內向，不善言辭，見人就臉紅，沒口才。」

良好的口才不是與生俱來的，也不可能從天而降，就像莊稼需要施肥、道路需要整修一樣，口才也需要培養。

第一項素質：音量

想要別人讚美你的言談，首先要別人能夠聽到你說的是什麼，讓別人能夠明白你的意思。成功的演說家更是要求自己不拿麥克風都能讓最後一排的聽眾聽清楚他在說什麼。然而，總是有很多人天生靦腆，說起話來猶如蚊蚋，哪怕是面對面交談，你都未必能理解他在說什麼，導致這些人的口才輸在起跑線上。

我們可以用干擾自己聽覺的手段強迫自己在不知不覺中提高音量，例如：你可以戴上耳機，放著自己喜歡聽的音樂，然後再跟別人說話，或者自己進行朗讀，此時，你的聲音至少是平時的一點五倍以上。長時間下來，你就會發現自己聲音的響度在不知不覺間得到了很大的提高。

餐廳、公車等嘈雜的地方也是不錯的訓練場所，你可以帶著好友去那些地方聊天，因爲在那裡，你的聲音一定要超過周圍的聲音才能被好友聽到。長久堅持下來，你的發聲肌肉會得到非常好的訓練。

如果你的聲音不是太小，而是太大了，你可以選擇到圖書館等安靜的地方談話、朗讀，使自己說話的聲音得到一些控制。

第二項素質：清晰

倘若你的聲音十分洪亮，可是咬字卻含糊不清，那麼想讓別人爲自己的言語喝彩是根本不可能的事。說話不一定要像播音員一樣咬字清楚，但一定要每個音節都清晰可辨。說話不清晰有兩種情形：一是說話太快，一是說話連字。要想改掉這種毛病，建議採用角色互換法。

買一個答錄機，每天把自己說的話錄下來，然後放給自己聽，等下次說話的時候，再刻意留心自己含混不清的地方，並加以糾正。這是學習外語時常用的辦法，效果不錯，也可拿來做爲訓練平時說話的方法上。

如果以上辦法不適用，那麼試著口中含一顆糖，然後拿著書一個字、一個字地進行朗誦練習。甚至爲了提高練習的效果，能錄下來重播是最好的。

第七課　不設限，是成功的法寶

1 不要用極限限制自己

有一個正在巡迴表演的馬戲團，成千上萬的觀眾被牠吸引，其中一隻大象的表演尤其令人拍案叫絕。

一個少年為了近距離看看大象，特意跑到馬戲團後臺拴大象的地方，發現那頭大象被一條普通的繩子拴在一根木頭旁，他感到很奇怪。

少年好奇地問馴獸師：「先生，為什麼只用一條繩子便能制伏這麼巨大的象，難道不怕牠逃走嗎？」

馴獸師笑答：「當牠還小時，我們用大鐵鍊把牠鎖著，每當牠想逃走時，只要用力一拉鐵鍊便會痛得動彈不得。久而久之，每次當牠想到用力拉時，就會有痛的感覺，使牠放棄了逃跑的念頭。所以，即使現在我們只是用一條普通的繩子拴著牠，牠也不再相信自己可以逃走了。」

難道大象真的不能掙脫繩子的束縛嗎？絕對不是。只是牠的心裡已經接受了「這根繩子的強度是自己無法掙脫的」這個現實。

現實生活中，是否有許多人也像大象一樣？年輕時意氣風發，屢屢去嘗試著實現自己心中的夢想，但是往往事與願違。在經歷過多次的失敗打擊之後，變得日漸消沉，不是抱怨世界不公平，就是懷疑自己的能力。面對挫折，他們不去努力尋找新的奮鬥目標，追求突破，而是一再地降低自己的人生目標——即使原有的一切限制都已被取消。

人們總是因爲害怕而放棄追求成功，甘願忍受失敗者的生活。人有恐懼，缺乏信心，因此生出「我不會」、「我不能」的心理，爲自己設了一個極限。所以，恐懼是造成極限的罪魁禍首。人生不要怕沒有，只要甘於犧牲，歡喜奉獻，人的潛能就是無限的。

許多人舉步不前，很大一部分原因就是他們低估了自己。如果一個人自認爲無能，那麼任何力量都無法幫他成功。只要敢於往上看，你就能到達偉人所能到達的高度。所以，要經常跟自己說「我一定行」。

2 壓力是「潛能之母」

如果說需要是「發明之母」，那麼，壓力就可以稱爲「潛能之母」。人生需要懂得自我加壓。過分的安逸會使人變得懈怠，變得「弱不禁風」，經不起生活的擊打。只有不斷地自我加壓，勇敢地挑起生活的重擔，人生的步履才會邁得更堅實、更穩健、更有力。

有兩個人，各在一片荒漠上栽了一片胡楊樹苗。樹苗成活後，其中一個人每隔幾天就會到荒漠中去一棵一棵地給那些樹苗澆水。不管是烈日炎炎，還是飛沙走石，那人都會雷打不動地挑來一捅一捅的水澆灌他的樹苗。

有時剛剛下過雨，他也會來，給那些樹苗再澆一瓢。老人說，沙漠裡的水漏得快，別看這麼幾天澆一次，樹根其實沒吸收到多少水，水都從厚厚的沙層中漏掉了。

相比之下，另一個人就悠閒多了。樹苗剛栽下去的時候他來澆過幾次水，等到那些樹苗成活後，他就來得很少了；即使來了，也不過是到他栽的那片幼林中去看看，發現有被風吹倒的樹苗就順手扶一把。沒事的時候，就在那片樹苗中悠閒地走走，完全不管那些樹苗。人們都說，這人栽下的樹肯定成不了林。

過兩年，兩片胡楊樹苗都長得有茶杯粗了。忽然有一夜，狂風從大漠深處捲著沙塵飛來，飛沙走石，閃電雷鳴，狂風撕捲著滂沱大雨肆虐了一夜。第二天風停的時候，人們到那兩片樹林裡一看，不禁十分訝異。

原來，辛勤澆水的那個人的樹幾乎全被刮倒了，有許多樹甚至被暴風連根拔了出來，一片狼藉，慘不忍睹；而那個不怎麼給樹澆水的人的林子，除了一些被風刮掉的樹葉和一些被折斷的樹枝，幾乎沒有一棵被風吹倒或吹歪。

大家都大惑不解，紛紛向這個悠閒的人請教。

這個人聽了，微微一笑說：「當然有了。他的樹這麼容易就被風暴給毀了，就是因為他澆水澆得太勤，施肥施得太勤了。」

聽到這話，人們更迷惑不解了，難道辛勤為樹施肥澆水是個錯誤嗎？

這個人解釋說：「樹跟人是一樣的，對它太殷勤，讓它一直處於順境中，就會養出它的惰性。經常給它澆水施肥，它的根就不會往泥土深處紮，只在地表淺處盤來盤去。根紮得那麼淺，怎麼能經得起風雨呢？把它們栽活後，就不再去理睬它，地表沒有水和肥料供它們吸取，就逼得它們不得不拼命向下紮根，恨不得把自己的根穿過沙土層，一直紮進地底下的泉源中去。有這麼深的根，還用擔心這些樹輕易就被暴風刮倒嗎？」

水不加壓，上不了高山；人不加壓，就難以成長。每個人都有某種程度的惰性——懶散、拖延、得過且過等，許多潛力與才能都被這些惰性給毀掉了。人生如逆水行舟，不進則退，所以，要給自己施加壓力。沒有壓力，人們就會放鬆對自己的約束或者習慣於遷就自己，對應該做的事情總是遲遲下不了決心。

現實生活中的諸多實例證明：人越是在壓力大、處境難、事務多的情況下，越能幹出成績、成就事業。究其原因，鞭策使然。人一旦無所事事，沒有壓力，沒有鞭策，就會懈怠下來，不思進取，得過且過，最終必定一事無成。

當然，人不會時時都處於有壓力、有動力的境況下，所以要學會自我加壓、自我鞭策。自我施壓能強迫自己改掉不良的習慣，同時也是自我調整和提升的過程，等於給自己安上了一個「驅動器」，借助於這個驅動器，你能衝破層層阻力，闖過道道難關，成就一番事業。

3 危機感打破自我設限

人性以追求快樂爲目的，多數人在得到少部分快樂之後，立刻就會心滿意足，不想再去追求更多的自在之樂。由於人性喜歡安逸，容易滿足於現狀，不懂得去追求無限的法喜、無限的禪悅，因此無法超越極限。唯有對無限的真理之樂生起嚮往之心，並且勇猛精進，不斷追求，不斷發掘，才能突破極限。

這個道理，也就是我們通常說的要有危機感。人的發展需要危機感與憂患意識。人們一旦意識到自己所處的社會環境是不利的或者是相對劣勢的，一般都會盡最大的努力去提高自己或直接改造自己所處的環境，以保持自己與社會環境的統一和平衡。

但當人們對自己所處的環境很滿意時，則會在相對平衡中失去潛在的積極性與進取心，從而放棄努力。這樣，一旦環境因素有了變化，就會出現對新環境的不適應，同時又缺乏應有的適應能力，最終被新環境所拒絕或淘汰。

每個人都必須要有一定的危機感和憂患意識。如果一個人時時都有危機感，就會付出努力和危險進行對抗，在這一過程中，其處理各種複雜環境的能力就會不斷提高。這也是爲什麼在貧困的家庭中長大的孩子，更加容易有堅韌不拔的奮鬥精神和毅力的重要原因。

道理雖然容易明白，但要真正做到卻不容易。那些從艱苦生活中走出來的父母，在面對自己的孩子時，常會因爲寵愛而失去判斷能力，像保護鹿群一樣把孩子保護起來，不讓孩子去經歷風雨，等到孩子長大了，才發現孩子已經習慣了飯來張口、衣來伸手的日子，更要命的是，失去了面對艱難、面對挑戰奮發而起的精神，這也意味著他同時失去了尋找幸福和快樂的能力。

要想沒有危機，就要學會有危機感。你必須先知道自己的不足，才能發現危機。每個人都面臨著種種不同的危機，有的人感覺到了，並且找到了應對的辦法，就能得到成功；而有的人沒有危機感，那他就只能一輩子都活在危機中。

4 保有孩子的夢想

人類最可貴的本能就是對未來充滿了幻想，對明天充滿了激情——儘管這些幻想有許多不確定的因素，甚至永遠都不可能實現，但是，每一個人都在憧憬著未來，並爲著或遠或近的「未來」投入他們全部的努力。

童年是多夢的季節，童年是夢想的故鄉。而夢想是我們飛翔的翅膀，不展開翅膀，你永遠不會知道自己究竟能飛多遠。一個人心中擁有了夢想，才能在希望中生活，並不斷地創造生命的奇蹟。

許多年以前，一位窮苦的牧羊人帶著兩個年幼的兒子，靠為別人放羊謀生。

一天，他們趕著羊來到一個山坡。這時，一群大雁鳴叫著從他們頭頂飛過，並很快從他們的視野中消失。

「大雁要往哪裡飛？」牧羊人的小兒子問他的父親。

牧羊人回答說：「為了度過寒冷的冬天，牠們要去一個溫暖的地方安家。」

「要是我們也能像大雁一樣飛起來就好了，我要比大雁飛得還要高，去天堂看媽媽。」他的大兒子眨著眼睛羡慕地說。

「做個會飛的大雁多好啊！可以飛到自己想去的地方，那樣就不用放羊了。」小兒子也對父親說。

牧羊人沉默了一下，然後對兒子們說：「如果你們想，你們也能飛起來。」

兩個兒子試了試，並沒有飛起來，他們用疑惑的眼神看著父親。

牧羊人肯定地說：「你們還小，只要不斷努力，就一定能飛起來，去你們想去的地方。」

兒子們牢記著父親的教導，並為之一直不斷地努力。等他們長大以後，終於飛了起來，他們就是飛機的發明者——美國的萊特兄弟。

著名詩人紀伯倫說：「我寧可做人類中有夢想和有完成夢想願望的、最渺小的人，而不願做一個最偉大的無夢想、無願望的人。」

面對孩子的夢想，很多父母會說那是「好高騖遠」，他們不明白，正是因爲有了夢想，不切實際才有可能變爲實際。夢想就像人體成長所需要的微量元素與氨基酸，缺少它，大腦的營養就會跟不上，思維就會遲鈍，就會沒有想像力、創造力。父母要學會保護孩子的夢想，讓孩子在無數個夢想中充分發揮想像力與創造力。

有夢才會有期望，有期望才會有拼搏和激情。守住自己的夢，勇敢地走下去，你就會比別人提前到達成功的彼岸。家長和老師不妨反思一下，我們是不是常常按照大人的主觀意識，按照我們自己的社會經歷和經驗去要求、約束孩子們，孩子們一旦有了超常的想像，就去批評、否定、指責他們沒有遵循常理？其實，這個社會缺乏的正是想像力。一個對任何事情想都不敢想的人，還有可能付諸行動嗎？

以後，只要孩子敢想像，就讓他放開想吧。一個真愛孩子的父母應當盡量保有孩子的夢想，讓夢想的種子長成參天大樹。

5 充電讓能量不斷升級

一九六六年，著名文學家林語堂從美國回臺灣定居。同年，某學院舉行畢業典禮，特邀林語堂參加，並請他即席演講。

安排在林語堂之前的幾位頗有身分的演講者發表了冗長乏味的演講，令台下聽眾昏昏欲睡。輪到林語堂時，他抬腕看了看表，已是十一點半了，於是決定改弦換調。

他快步走上講臺，僅說了一句話：「紳士的演講應該像女人穿的『迷你裙』，越短越好。」然後就結束了演講。

他的話一出口，大家先是一愣，幾秒鐘後，會場上「嘩」地響起一片笑聲，接著，與會者用最熱烈的掌聲表達他們對這位優秀演講家的擁戴。

第二天，各大報紙上均出現了「幽默大師名不虛傳」的報導。

要做到這樣的境界，就要給自己不斷充電，補充自己的能量。但是，如何給自己「充電」呢？

第一，回顧你的過去，看看自己的學歷。教育背景至今仍然是人力資源經理關注的焦點。因爲，教育將幫助我們打下知識結構的框架，沒有結實的框架，你的樓一定不會太高。另外，在回顧學歷的同時，應細算你畢業至今是否超過了三年。如果超過三年，代表你的電池即將亮起紅燈，你急需充電。

第二，分析自己目前的工作狀態。清晰客觀地分析自己目前的工作特點，在進行分析的同時進行第三個動作，展望你的未來職業規劃。第二點和第三點必須同時考慮，才能讓你不盲從、不追求時髦，減少金錢和時間的成本，提高成功率。

第三，在「充電」時注意自己的目的。很多人都有這樣的想法，就是「多一個證書沒壞處」，所以市場上流行什麼，什麼證書最吃香，他就學什麼，拿了一大堆的證書，似乎什麼都能幹，競爭力也增強了。

「多一個證書沒壞處」這種想法的表現，是不管自己需不需要，先拿了證書再說。這樣的「充電」對個人來說不僅是金錢和時間上的損失，更容易把自己的職業觀念引入歧路。

首先，有了一大堆不成體系的證書之後，就會覺得自己是個「通才」，什麼都能幹，但對自己最擅長什麼、幹哪一行最好卻很迷茫。其次，去求職的時候，人事單位看到你的一大堆證書也會很迷茫。由此，用人單位可能會認為你缺乏明確的職業發展目標，沒有選擇能力，反而對求職不利。

另有一種人，「充電」的方向是對的，可是卻在一個錯誤的時間點上進行，結果同樣是事倍功半。不僅增加了投資成本，還浪費了時間，本來這段時間是可以用在「刀刃」上的。

這裡的時間階段，主要指的是一個人職業發展的特定時間階段。在不同的階段，根據自己職業發展的狀況、專業水準、工作能力以及今後一段時間職業發展的目標，來選擇恰當的培訓，這才是上策。

第八課　結善緣，是成功的助力

／好人緣，行天下

生活在廿一世紀，不管你是出身顯赫的王子，還是看破紅塵的隱士，都不能擺脫人際關係的影響力。對於人際關係的重要性，怎樣強調都不過分。假如我們把人際關係比作大腦的神經網路，那麼每個人就是一個神經元：突起的越多，與周邊的聯繫就越多，也就比別人更加靈敏，從而更加易於走向成功。

一些善於處世的人經常會說：「你可以沒有學問，但不能不會做人。」當我們面帶笑容，看在對方眼中，那絲微笑是發光的；當我們口出讚嘆，聽在對方心底，那句讚美是發光的；當我們伸手扶持，受在對方身上，那溫暖的一握是發光的；當我們靜心傾聽，在對方的感覺裡，那專注的神情是發光的。只要能發自內心地去幫助別人，每個人都可以有一個發光的人生。

前美國總統羅斯福曾說：「成功的第一要素是懂得如何搞好人際關係。」的確如此。曾有人向兩千多位雇主做過這樣一個問卷調查：「請查閱貴公司最近解雇的三名員工的資料，然後回答解雇的理由。」結果，無論是什麼地區、何種行業的雇主，三分之二的答覆都是：這些人被解雇的原因是他們和同事的關係搞不好。

成功學大師卡內基經過長期研究，得出了這樣的結論：「專業知識在一個人成功中的作用只占百分之三十，其餘的百分之七十取決於人際關係。」所以，無論你從事何種職業，處理好人際關係，就等於在成功的路上走完百分之十七的路程，在個人幸福的路上走完百分之九十的路程。也難怪美國石油大王約翰．洛克菲勒這樣說：「我願意付出比得到任何其他本領更大的代價來獲取與人相處的本領。」

由此可見，要想獲得成功，就一定要營造一個利於成功的人際關係。

2 積累各行各業的朋友

在現代社會中，擁有良好的社會關係就等於擁有比別人多的機會。因此，在創業之前或創業過程中，都要盡量結識各行各業的朋友。

人緣不是一朝一夕就能建立起來的，它需要幾年甚至十幾年的培養。

打造良好人緣的基本方法與原則如下：

◎**不輕易樹敵**。

在我們的一生中，你會碰到各種類型的人，其中有你喜歡的，也有你不喜歡的。對於你喜歡的人，交往親近起來非常容易。所以問題的關鍵是，如何同你不喜歡的人建立良好的人際關係呢？就要儘量找出他們身上的優點，並用包容的心態對待他的缺點，做到這些，將有助於你與自己不喜歡的人結爲朋友。

但如果你無論如何也找不出他的優點，或根本無法包容他的缺點，對這種你實在無法與之交往的人，則要做到喜怒不形於色，不當面指責他的毛病，避免和他發生正面衝突，這樣就不至於使他成爲你的敵人。

◎**結交社會名流**。

社會名流是指在社會上有影響的人，與他們建立良好的個人關係，無異於爲我們的發展插上翅膀。但這些名流都有他們固定的交際圈，一般人很難進入，我們可以從以下幾個方面入手：

第一，在與名流交往之前，多瞭解相關訊息，托人引薦，多參加社會公益活動，多出入名流常常出入的場所，這樣，你就會有機會結交到這些名流。

第二，在結交這些社會名流時，要注意給對方留下一個好的印象，千萬不要死纏著別人不放，這樣做只能得到相反的結果。

第三，僅僅通過一次交往就想建立良好的關係是很難的，所以，應多製造交往的機會，多次接觸才能建立較爲牢固的關係。

◎結交成功者和事業夥伴。

正所謂「近朱者赤，近墨者黑」，之所以要結交成功人士，就是因爲這些成功的人比我們優秀，我們可以從他們身上學到很多有益的東西，他們成功的事例也能不斷激勵我們。如果和這些成功者關係非常好，這些人還會在關鍵時刻伸出友誼之手教我們一招，或者拉我們一把。

總之，和這些人交往有利無弊。相反，和那些失敗者或者是不如我們的人交往，非但學不到任何東西，還有可能讓我們走上迷途，陷入失敗的境地。與優秀的人和成功者交朋友，是儲備人際關係資源的重要原則。

◎禮多人不怪。

掌握禮節也是建立良好朋友關係必須掌握的原則。和有身分的人交往可能很容易做到這一點，因爲對方的權勢、地位、實力足以使你對之產生敬畏，不由得你不注重禮節。但很多人在與人交往時，卻往往容易步入這樣一個誤區，即熟不拘禮。他們認爲和朋友講禮節、論客套會傷害朋友間的感情，但，朋友關係也是一種人際關係，任何人際關係想要存續下去，雙方就都要相互尊重。

禮節和客套雖然煩瑣，卻是相互尊重的一個重要表現形式，因爲每個人都希望擁有自己的一片天地，不講禮節客套就可能會侵入到朋友的禁區，干擾到朋友的正常生活，這種情況出現得多了，自然會傷害到朋友的感情，時間久了，再好的關係也會因此而終結。

3 互利合作，才能走向成功

世間無論做什麼事，合作都是很重要的，只有合作才能成功，只有合作才有力量。以一個人的身體爲例，他的眼睛要看，耳朵要聽，腳要走路，手要拿東西，嘴要說話，每個器官的功用都不一樣，必須合作才能讓人生存下去。只有合作，做人才能成功；只有合作，做事才能有成就。

一些成功人士在談合作與分工這個話題時這樣比喻：人的手掌有五根指頭，單靠一根指頭無法提物，只有五指合作並用，才能成爲一個拳頭而更有力量。又如一根木柴，不容易點著，一大把木柴放在一起，則能燃起熊熊的火光。所以，世間一切成就必須眾緣和合，集合眾多的力量。不要嫉妒別人，不要排斥別人，唯有大家合作，才能得到彼此的方便與順利。

「商場上沒有永遠的朋友，也沒有永遠的敵人。」這蘊含哲理的名言揭示了競爭與合作的辯證關係——競爭不排斥合作，合作中也包含著競爭。美國商界則有句名言：「如果你不能戰勝對手，就加入到他們中間去。」現代競爭，不再是「你死我活」，而是更高層次的競爭與合作。現代商業追求的不再是「單贏」，而是「雙贏」和「多贏」。

從前，有兩個饑餓的人得到一位長者的恩賜：一根魚竿和一簍子鮮活碩大的魚。其中一個人選擇了活魚，另一個人則選擇魚竿。之後，他們便分道揚鑣了。

得到魚的人用乾柴搭起篝火，把魚烤好以後，他狼吞虎嚥，還沒有品出鮮魚的肉香，便將烤好的魚吃了個精光。可是他吃光魚肉之後無以為繼，不久便餓死在空空的魚簍旁。

另一個得到魚竿的人則提著魚竿朝海邊走去。忍饑挨餓地走了幾天，當他終於看到遠方蔚藍的大海時，身上最後一點力氣也用盡了，最後只能倒在魚竿旁，帶著無盡的遺憾離開人間。

後來，又有兩個饑餓的人，同樣得到了一根魚竿和一簍魚。他們沒有像前兩個人那樣各奔東西，而是決定共同去尋找大海。

他們兩個帶著魚和魚竿踏上旅程。在路上，他們每次只烤一條魚以維持生命，經過一番艱苦終於來到海邊。從此，兩人開始了捕魚為生的生活。幾年後，他們蓋起自己的房子，有了各自的家庭和子女，還有自己建造的漁船，過上安定幸福的生活。

一個人的力量是很有限的，只有與人合作，才能提高辦事效率，做到收益最大化。不要只知埋頭做事，抬起頭來，你會找到更好、更有效率的辦事方法。

一個哲人曾說過這麼一段話：你手上有一個蘋果，我手上也有一個蘋果，兩個蘋果交換後，每人還是一個蘋果；但如果你有一種能力，我也有一種能力，兩種能力交換後，每人擁有的就不再是一種能力了。可見，合作能夠產生奇效，達到最好的效果。

4 患難之交不可少

無論是什麼時候，人總離不開朋友，故有「對淵博之友，如讀奇書異志；對風雅之友，如讀明人詩文；對幽默之友，如讀傳奇小說；對謹慎之友，如讀聖賢經傳」之說。

夢窗國師曾說：「知足第一富，健康第一貴，善友第一親，涅槃第一樂。」經典上也記載著以下四種朋友：朋友如山，朋友如地，朋友如秤，朋友如花。還說：「患難之交猶如春風冬陽，給予我們成長，成就我們求道的因緣。」

一名富商的兒子天天在外面吃喝玩樂，交了一群酒肉朋友。有一天，他父親對他說：「不要再和那些人混在一起了，他們不是你的朋友。」

兒子反駁道：「不可能，我們天天在一起玩，他們都是我很要好的朋友。」

父親知道無法說服自己的孩子，便說：「這樣吧，我們做個實驗，你明天對你的那群朋友說，你被人誣陷殺了人，官府要緝拿你，看他們怎麼幫你。」

第二天，富商的兒子依計行事。讓他失望的是，當他講完後，那群人立刻四散而去，躲他如躲瘟疫。他很沮喪地回到家中，這時候，父親安慰他說，「其實沒什麼，人生中能交到真正的朋友不容易，在我的一生中也僅只有一個朋友而已。」

轉天，父子二人來到一處大莊園，莊園的主人迎了出來。進屋後，父親便裝作一籌莫展地對莊園主人說：「我的兒子被誣陷，官府正在緝拿他，我就這麼一個兒子，怎麼辦呢？」

莊園的主人聽了，毫不猶豫地拿出地契和珠寶對父親講：「你我是一輩子的朋友，就算傾家蕩產，我也會幫你打贏官司的！」

朋友的定義應該是：

難與能與：朋友有了困難，需要你的幫助時，即使自己有困難也應該盡力而爲。

難做能做：幫朋友做事，只要是好事，縱使做起來不容易也要去做。

難忍能忍：朋友相處時，難免會產生誤會，出現看法上的分歧，乃至在言語上發生口角。此時，要互相包容，尤其要難忍能忍。如果連一點包容忍耐的胸襟都沒有，再好的朋友也不能長久相交。

秘事相語：好朋友除了能在工作上互相幫忙、彼此協助之外，還要能分享自己心裡的一些秘密，譬如在做人處世方面，或者財務上、感情上、事業上的秘密。

不揭彼過：好朋友可以規勸，可以勉勵，但是不能張揚他的過失。張揚他的過錯，讓對方感覺難堪，不是朋友間的相處之道。

遭苦不捨：當朋友遭遇困難、痛苦的時候，不可以捨棄他，勢利眼的人必會遭到朋友的唾棄。

貧賤不輕：與人相交貴於心，而不是那些身外之物。

真誠並理性地去品味人生，你就會擁有屬於自己的真正的友誼。

5 善心結人緣，助人就是助自己

佛家認爲，真誠地助人一臂之力，能夠爲自己存下一份善果。我們說「投之以桃，報之以李」，「滴水之恩，當湧泉相報」，也說「君子報仇，十年不晚」和「多行不義必自斃」。一個人總是做對他人有利的事，常有可能獲得意想不到的好報；若總是損害他人，則更有可能遭受意想不到的災禍。

有一個人，他的父親是富有的大莊主，所以他一直過著優渥的生活。有一天，那個國家突然發生革命，讓他失去了一切。當全家人輾轉流亡到美國邁阿密的時候，所有的家當是父親口袋裡一疊已被宣布廢止流通的紙幣。

為了能在無親無故的異國他鄉生存下來，從十五歲起，他就跟隨父親外出打工。每次出門前，父親都會告誡他：只要有人答應教你英語，並給你飯吃，你就留在那兒給他幹活。

他的第一份工作是在海邊的一個小飯館裡做服務生。由於他勤奮、好學，很快便得到老闆的賞識。為了能讓他學好英語，老闆甚至把他帶到家裡，讓他和他的孩子們一起玩耍。

有一天，老闆告訴他，給飯店供貨的食品公司正在招收行銷人員，如果他願意的話，可以幫忙引薦。於是在老闆的幫助下，他獲得了第二份工作——在食品公司做推銷員兼貨車司機。

父親在他就職前告訴他：「我們祖上有一條遺訓，叫『日行一善』，祖輩們之所以能成就那麼大的事業，全都得益於這四個字。

現在你到外面去闖蕩，千萬不要忘了。」

可能就是因為這四個字的緣故，每當他開著貨車把燕麥片送到大街小巷時，總是會做一些力所能及的善事，比如幫店主把信帶到另一個城市，或是讓放學的孩子搭他的便車。

就這樣，在工作的第五年，他接到總部的一份通知，要他去墨西哥統管拉丁美洲的行銷業務，他在打開拉丁美洲的市場後，又被派到加拿大和亞太地區。一九九九年，他被調回美國總部，任首席執行官。之後，他被美國獵頭公司列入可口可樂、高露潔等國際性大公司首席執行官的候選人。

美國總統布希在競選連任成功後，提名卡羅斯・古鐵雷斯出任下一屆政府的商務部部長。如今，卡羅斯・古鐵雷斯這個名字已成為「美國夢」的代名詞。

在接受《華盛頓郵報》的採訪時，古鐵雷斯說了這麼一句話：「一個人的命運，並不一定取決於某一次大行動；我認爲更多的時候，取決於他在日常生活中的一些小小善舉。」

後來，《華盛頓郵報》用「凡真心助人者，最後沒有幫不到自己的」作爲標題，對古鐵雷斯做了一次長篇的報導。在這篇報導中，記者評論說，古鐵雷斯的成功是因爲他發現了改變自己命運的最簡單的武器，那就是「日行一善」。

6 助人助心，自立者方能自強

有時候我們看來一些理所當然的善舉，卻會傷及一些忌諱「被人同情」的人的心。人的自尊是很脆弱的，所以在做事、說話的時候，不要只顧自己的快樂或感受，還要想想會不會無意間傷害到別人的自尊。

助人的方式有很多種，古人說「授人以魚，不如授人以漁」，可是當人們真正做善事的時候，又有幾個人真的考慮過被助者的感受？

從小事做起，最能打動人心。如果一個人在自己困難的時候還記得向別人施恩，這才是真正的施恩，才能獲得別人發自內心的尊重與感謝。

第九課　情與愛，是成功的妝點

／情不重，不生娑婆

佛家認爲，人類是因爲有情愛才生到人間來的。父母如果不相愛，就不可能結爲夫婦，子女又怎麼能生到人間來呢？所以說：「情不重，不生娑婆。」可是，人活在世上爲了情愛，常常苦樂參半，爲情所苦，爲情煩惱，所以，處理情愛一定要有方法。

減少對一種事情失望的最好辦法就是不要過高地去估計它，壓低想像才會有更多的空間去適應現實。對於婚姻也是這樣。婚姻是一個人感情發展到成熟的終結，也是一種人生狀態的選擇。婚姻未必一定要有海誓山盟的誓言，更多的時候，我們就是在尋找一個合適的伴侶。

婚姻是天長日久、朝夕相對的相處，它和戀愛截然不同，它會很坦白地把一個人本性中的東西暴露在彼此面前，戀愛時精心修飾的一切，最終都要在婚姻中真相大白。戀愛時，每個人都會把最好的一面顯露給自己的愛人；結婚後，則專門把不那麼美好的一面留給家庭，然後光鮮亮麗地出門給別人看。

對待婚姻，一定要有非常踏實的態度和務實的精神，才能順利度過婚姻的轉折期和心理波動期。

很多女人都會有這樣的感覺。婚前，男人百依百順、溫柔體貼，讓女人以為結婚之後也會延續戀愛中的輕鬆和快樂，可結婚之後卻變了，不再是從前那個殷勤的好男人了，逐漸變得懶惰，渙散的注意力無法集中，於是女人開始哀嘆：婚姻真是愛情的墳墓。

其實，這種現象很正常，是人性的正常表現。如果你是因爲對方對你很好，好到能夠容忍你所有的缺點才選擇這場婚姻，那麼，當你跌落到現實中時就要明白，沒有人會永遠保持這樣的姿態，在婚姻中，大家都會暴露出自己的本相。

愛情是有魔力的東西，能夠讓人產生不顧一切的勇氣，但愛並沒有強大到能夠克服生活中所有的瑣碎和艱難的程度。即使我們曾經短暫地爲了愛而成爲一個無私的人，但那不會是永遠的我們，那只是在愛的作用下的一次完美演出，是委屈和忍耐，這也是戀愛的魔力和美好所在。可什麼樣的演出能夠永遠不謝幕呢？什麼樣的表演能夠堅持一生呢？再優秀的演員也需要休息，再經典的演出也難以永恆。

婚姻就像一個放大鏡，把每個人的缺點和不足都誇張地表現出來，在經年的生活中，誰都做不到總是把最光鮮的一面給對方看，每個人都會懈怠，會回歸到一個自己最喜歡、最適應的位置，不希望委屈自己，不想總強裝優秀。

成功的婚姻需要兩個人的付出，彼此的寬容、諒解，以及逐漸在試探中根據不斷出現的問題調整雙邊關係，這是一個必經的過程。在結婚前，多想想你能爲對方做點什麼，要比只知道怎麼享受對方的疼愛有用得多。不要在婚姻的日漸平淡面前譴責伴侶的薄情，忽略自己的責任。

男女在剛剛陷入愛情的時候，會互相讚美對方的優點。隨著步入婚姻，最初的溫度下降之後，人們對這種事情就做得少了，儘管兩個人仍舊十分傾心於對方，卻不會再大聲地說出讚美和鼓勵的話。

如果缺乏真心的讚美和鼓勵，那麼最初的讚美給彼此帶來的美妙感受和感激之情就會大大降低，直接導致的結果是兩人的感情聯繫變得薄弱。

「如果我們想要更多的玫瑰花，就必須種植更多的玫瑰樹。」如果想得到愛人更多的讚揚和肯定，希望婚姻幸福而長久，那就先學會讚揚對方，即使對方有什麼地方確實做錯了，讓你忍不住想要責備他，那也要在責備的同時看到他的優點，對他加以肯定，而不是一棍子把他打死。

所以夫妻之間在責備對方的時候，千萬別忘了表揚他（她）。讚揚他（她）一是爲了讓他（她）找到心理平衡點，二是讓他（她）儘快消氣，並找到改正的動力，使他（她）感覺受到你對他（她）的重視，從而鞏固你們的婚姻。

要使家庭生活幸福、快樂，誇獎不可或缺，它就像一塊香甜的巧克力，讓生活變得有滋有味。

2 化妝是妝點生命的利器

好的形象是女人獲得幸福婚姻的第一把鑰匙。男人都是「視覺系動物」，即使婚後你們感情深厚，他也希望身邊的妻子是個個性獨立的美女，而不是無精打采的黃臉婆。

化妝可分為四類：

◎外相上的化妝

一般人最先重視的外表上的化妝，靠著化妝彌補外相上的缺點，以便在與人往來時建立美好的形象。外相上的化妝，可說是現代社交最基本的條件。

◎儀態上的化妝

除了面容上的化妝外，還要有儀態上的化妝，有的人五官生得端正美麗，但沒有美的語言、美的心靈，就無法長久欣賞；有的人不一定有名貴的化妝品，卻能以樸素莊嚴吸引人，靠的就是自己的風度內涵，流露出一舉手一投足的美感，以禮貌尊敬贏得他人的好感。

◎心靈上的化妝

有一句話說：「金錢可以買到化妝品，卻買不到氣質。」一個人的化妝層次提高以後，靠的便不再是外相上的化妝，也不是風儀上的化妝，而是心靈上的化妝。所謂心靈的化妝，是不矯揉造作，從內心自然流出的氣質。跟她交往，會讓你感覺到她為人的慈悲仁愛、樂於服務，或是她處世的智慧靈巧、公正和平；你也可以感受她性情的柔和尊重、親切和藹、寬容的心胸。

◎生命上的化妝

一個人若能使自己的生命融入到大眾中去服務，無我無他，投入到無限的時空裡去奉獻，無有分別，乃至有「先天下之憂而憂，後天下之樂而樂」的胸懷，這樣的人就可說是以無上的生命價值來化妝了。

好花，不在美麗，而在清香；好話，不在誇口，而在真實；妝扮，不在貴重，而在合身。除了外表需要美化，內心道德、慈悲莊嚴、服務結緣、無我奉獻等，都是可以裝點生命的利器。

3 隨時隨地傳達信任和愛

我們經常會看到很多夫妻不信任的情景。妻子收到了一條短信，丈夫會想，是誰發來的？丈夫晚回來幾個小時，妻子便懷疑丈夫在外面會情人；妻子回娘家，丈夫就懷疑妻子偷偷給岳父母錢；丈夫老是出差，妻子就懷疑丈夫是否出軌……

這些無端的懷疑常會把人搞得很累、很痛苦，甚至因此幹出愚蠢的事來，最終把自己本來應該幸福的婚姻親手毀掉，鬧得自己和親人痛苦不堪。

疑神疑鬼是破壞婚姻幸福的一大殺手。「千里之堤，潰於蟻穴」。許多幸福的婚姻都是因爲一點疑心被破壞掉的。所以，只要你是有心人，只要你希望婚姻幸福，就一定要做到彼此信任與尊重。

語言是大腦思維的反映，你心裡想著幸福，想著愛你的愛人，你就會說一些幸福、尊重和信任的話。

夫妻之間，一次傷害，對對方是個打擊，次數多了，就會是一種痛苦，你在他心目中的地位也會因此降低。所以，爲讓我們的婚姻幸福，說話時要相互信任和尊重，千萬不能信口開河、胡言亂語。

4 不要試圖去改變你的愛人

江山易改，本性難移，不要試圖去改變你的愛人，即便你的話是真理，極具震撼力，也僅能在思想層面帶給別人瞬間的觸動，很難帶來實質性的改變。愛情真正的意義並不是幫助、控制和改造別人，而是發掘、欣賞和接納真實的對方。

愛情就像一件易碎品，只有精心呵護，才會完美無缺。愛人的缺點就像是一件工藝品上的斑點，怎麼看都不舒服，總想去掉它。這樣的用心當然是好的，可是你打磨來打磨去，斑點沒有打磨掉，卻可能把工藝品給打碎。

沒有人能白璧無瑕，太陽上也有黑點，可誰會因此就否認它的燦爛光輝呢？心理學家卡爾・羅傑曾這樣比喻：「當我漫步在海灘觀賞落日的餘暉時，我不能這樣要求：『請將左邊染上一點橘黃色。』或者說，『你能在背後少染一點紫色嗎？』因爲我喜歡那落日時不同的自然景色，我也不能對它進行改變。我們對待心愛的人不也應該這樣嗎？」

愛情的內涵之一就是無私與奉獻，愛就是讓自己所愛的人感到自由和快樂，讓他按照自己的本相去生活與發展，而不是扼殺對方的天性。愛一個人，就不要試圖改造他。愛情不是征服，也不是順從，而是互相理解和尊重。

愛一個人，是因爲他身上散發著特有的、吸引自己的魅力，這魅力包括對方全部的優點和缺點。愛他，就要愛他的優點，包容他的缺點，心甘情願地感染他的氣息。你可以默默地用自己的氣息感染愛人，影響他的思想、生活和靈魂，但不要去強行改造！因爲愛情是相互欣賞、互相體恤、相濡以沫、共度人生。不要忘記，當初我們的承諾——「我愛你」中的「你」，正是最初的對方。

5 相愛不是用來生氣的

在婚姻生活中，難免有勺子碰到鍋的一天，吵架似乎不可避免。情感在一次次爭吵中漸漸褪色，失去了原有的亮麗。無論是怒火中燒的氣話，還是隱忍不發的積怨，若不及時加以控制，最終都將成爲一把把鋒利的匕首，刺傷兩個相愛的人。

兩個人相戀，是多麼來之不易的緣分，何苦要用生氣來抹殺所有的幸福。即使當愛情面臨小小的險阻時，我們也要心平氣和地對待對方，然後用愛和勇敢去化解，而不是用生氣的方式來魯莽對待。

也許你是因爲太在意對方，太在意情感得失，太害怕失去，所以才產生了情緒上的高低起伏。但仔細想想，生氣真的能解決問題嗎？還是只能讓矛盾更尖銳，更傷害彼此的感情？不如放開心胸，看花開花落。

在與親愛的人生氣之際，我們如能多想想「我不是爲了生氣而和你相遇的，而是爲了一場美麗的相約」，那麼，我們煩躁的心情就能找到安詳的出口。當自己快控制不住情緒時，想想這句話，或許會讓幸福多增加一些甜蜜的因數！

記住，百年修得同船渡，千年修得共枕眠，兩個人相遇、相知、相愛，不是爲了生氣。

第十課　能吃苦，是成功的典範

／將吃苦當成「吃補」

現在企業面臨最頭痛的問題就是：新招來的員工吃不了苦，沒有一點吃苦耐勞的精神。有些人在企業裡幹了幾天，甚至只幹了幾小時，就覺得工作太苦或太無聊，立馬辭職走人，絲毫沒有堅定的意志。

具有吃苦耐勞的精神，是一個人成就事業的基本條件。

香港超人李嘉誠曾被美國《時代》雜誌評選為全球最具影響力的廿五位企業界領袖之一，他所建立的「長江實業」為香港第一大企業集團。他的成功，離不開吃苦耐勞的精神。

李嘉誠幼年喪父，家庭的重擔由他一肩扛起。十四歲本是一般青少年求學的黃金歲月，應該是無憂無慮的，然而迫於生計，李嘉誠不得不選擇輟學，走上謀職一途。

每天清晨五點，在大多數人還在睡夢中的時候，他就必須提起精神從溫暖的被窩中爬起，然後趕到茶樓準備茶水及茶點，直到晚上才能休息。每天的工作時間長達十五小時以上，這種生活簡直就是一場嚴酷的考驗與磨練。茶樓的老闆對他的吃苦肯幹深為讚賞，所以李嘉誠成了茶樓中加薪最快的員工。

當被問及成功的秘訣時，李嘉誠講了下面這則故事：

在一次演講會上，有人問六十九歲的日本「推銷之神」原一平成功的秘訣是什麼，他當場脫掉鞋襪，將提問者請上講臺，說：「請你摸摸我的腳板。」

提問者摸了後，十分驚訝地說：「您腳底的老繭好厚呀！」

原一平說：「因為我走的路比別人多，跑得比別人勤。」

李嘉誠講完故事後，微笑著說：「我沒有資格讓你來摸我的腳板，但我可以告訴你，我腳底的老繭也很厚。」

人生中任何一種成功都不是唾手可得的，不能吃苦、不肯吃苦，你就不可能獲得任何成功。

「吃得苦中苦，方爲人上人。」這句流傳千百年的至理名言闡述了一個道理：吃苦耐勞就是成功秘訣。那些能吃苦耐勞的人，很少有不成功的。他們吃慣了苦，漸漸地便不再把吃苦當苦，面對苦難能泰然處之，遇到挫折也能積極進取。怕吃苦，不但難以養成積極進取的精神，還會對困難挫折採取逃避的態度，這樣的人是無法獲得成功的。

人大多喜歡嘗甜頭，不喜歡吃苦。其實，酸甜苦辣，百味雜陳，本就是人生本味。有人喜甜，有人愛酸，有人吃苦，有人好辣。想要創造成功的人生，就不能趨甜避苦，而應該將吃苦當成吃補，將苦吃得心甘情願，甚至能苦中作樂，這樣才能有所作爲。

2 留點分寸，留點餘地

世事如浮雲，瞬息萬變。沒有人能一直春風得意下去，「人無千日好，花無百日紅」，懂得見好就收的人才能成爲最大的贏家。古人云：「處事須留餘地，責善切戒盡言。」「水滿則盈」、「過猶不及」更是告訴我們，哪怕自己可以爭取到更多的東西，最好也留點分寸，留點餘地，以防萬一，才不至於在不測情形出現時，沒有任何迴旋的餘地。

李世民當了皇帝後，長孫氏被冊封為皇后。長孫皇后深知，作為「國母」，自己的行為舉止對皇上的影響非常大，因此，她處處約束自己，凡事都講究適可而止，吃穿用度除了接受宮中按例發放的東西，從不會有什麼額外的要求。

她不干預朝中政事，尤其擔心她的親戚以她的名義結成集團，威脅李唐王朝的安全。李世民很敬重她，常跟她商量朝中大臣的賞罰之事，但她從不表態，謹守本分。

李世民要對她哥哥委以重任，她也不同意，李世民不聽，仍封長孫無忌做了吏部尚書。長孫皇后見無法阻止皇帝的任命，便派人去對哥哥說，讓他上書辭職。李世民無奈，只好答應授長孫無忌為開府儀同三司，皇后這才放了心。

長孫皇后不把所有功名占滿，確實做到了「為自己留餘地」。

在做事方面，對於別人的請求，你可以接受，但不要「保證」，應代以「我儘量」或「我試試看」等話語；對於上級交辦的事，更不能說「保證沒問題」，應代以「我會全力以赴」的字眼。這是爲萬一發生特殊情況，自己做不到所留的後路，這樣說並不會有損於你的誠意，反而更能顯出你的謹愼，別人也會因此更信賴你，即便事情沒做好，也不會太責怪你。

在與人出現意見分歧時，不要口出狂言，更不要說出「勢不兩立」之類的話。不管誰對誰錯，在爭執時最好都閉口不言，先冷靜下來，以便他日需要攜手合作時還有後路。尤其應該注意的是，對人不要太早下結論，如「這個人一輩子都不會有出息」之類的話最好不要說。

說話不留餘地，就等於不給自己留退路，「要麼成功、要麼失敗」的簡單邏輯已經不適合這個複雜多變的社會了，與其和自己較勁，不如改變一下說話方式，多用一些不確定的詞句，給自己留條退路。

3 忍辱負重，如飲甘露

一位禪師在旅途中碰到了一個不喜歡他的人。連續好幾天，那人用盡各種方法辱罵他。最後，禪師轉身問那人：「若有人送你一份禮物，但你拒絕接受，那麼這份禮物屬於誰呢？」

那人回答：「屬於原本送禮的那個人。」

禪師笑著說：「沒錯。若我不接受你的謾罵，那你就是在罵自己。」

對於一般人來說，忍耐是一種美德；但對於創業者來說，忍耐卻是必須具備的品格。

很久以前，某座城裡建了一座很大的寺廟，善男信女們便祈求西天的佛祖給他們送來一個最好的雕刻師來雕刻一尊佛像，如來聽到人們的請求，便派了一個精於雕刻的羅漢，幻化成雕刻師來到人間。

雕刻師在備好的石料中選了一塊質地最上乘的石頭，可是他才拿起鑿子鑿了幾下，這塊石頭便喊起痛來。雕刻師勸它說：「不經細細的雕鑿，你將永遠是一塊不起眼的石頭，還是忍一忍吧。」

可是等到鑿子落到石頭上，它依然哀嚎不已，雕刻師實在受不了這塊石頭的叫嚷，只好放棄，轉而選擇另一塊質地遠不如它的石頭重新雕刻起來。

雖然這塊石頭的質地較差，但它為自己能被雕刻師選中感到十分興奮，因此任憑雕刻師的刀劈斧琢，它都默然不響地堅忍承受。而雕刻師為了展示自己的技藝，更加賣力，雕鑿得更加精細。不久，一尊肅穆莊嚴、氣魄宏大的佛像赫然矗立在人們面前。

這座廟宇的香火非常鼎盛，日夜香煙繚繞，人流不息。為了方便日益增多的香客，那塊怕痛的石頭就被人們弄去填坑築路。當初承受不了雕鑿之苦的它，現在卻不得不忍受人來車往、頻繁輾過的痛苦。

看著雕像安享人們的膜拜，它心中總覺得不是滋味。有一次，它憤憤不平地對路過此處的佛祖說：「佛祖啊，你太不公平了，你看那塊石頭的資質比我差得多，如今卻享受著人間的禮讚尊崇，而我卻每天遭受凌辱踐踏、日曬雨淋，你為什麼這樣偏心？」

佛祖微微一笑說：「成功來自於一刀一銼的雕琢，你受不了雕鑿之苦，當然最終只能得到這樣的命運。」

這是一個發人深省的人生寓言。我們每個人內在的潛質、潛能和潛在的智慧，便是我們成就未來輝煌的那塊「石頭」，而雕刻師就是我們自己，成功的關鍵，就在於你能否堅忍地承受雕鑿之痛。

佛經上說：「不能忍受譭謗、批評、惡罵如飲甘露者，不能名之爲有力大人也！」人生中，「木不雕不成才，玉不琢不成器」，成功的大門原本是朝著每一個人敞開的，能否進入，很大程度並不在於各人智商的高低和客觀環境的好壞，而取決於其是否具有堅強的意志和承受挫折的能力。

4 不輕易言敗，你才能成為成功的座上客

美國作家歐．亨利在他的小說《最後一片葉子》裡講了個故事：

病房裡，一個生命垂危的病人從房間裡看見窗外有一棵樹，樹葉在秋風中一片片地掉落下來。病人望著眼前的蕭蕭落葉，身體也隨之每況愈下，一天不如一天。心想：「當樹葉全部掉光時，我也要死了。」

一位畫家得知後，用彩筆畫了一片葉脈青翠的樹葉掛在樹枝上，因為這片綠葉，病人竟奇蹟般地活了下來。

生活中，許多人都害怕遇到困難和矛盾，在困難面前總是心情焦躁、寢食難安，甚至覺得暗無天日；一旦克服了困難、解決了矛盾，又覺得欣喜異常，天清日朗。實際上，我們應該學會以平常心來對待矛盾和困難。矛盾無時不在、無處不有，人生就是一個遇到困難、克服困難、再遇到新困難、再去戰勝困難的過程。不斷戰勝困難、超越自我，正是生命的意義所在。

許多人能取得進步和成功，並不是因爲他們經歷的逆境少，恰恰相反，他們遭遇的挫折比一事無成的人多得多。美國的《成功》雜誌每年都會評選當年最偉大的東山再起者，他們的傳奇經歷有一個共同點，那就是在遇到難以克服的困難時，始終保持樂觀的態度，從不輕言放棄。無數事實證明，越是優秀的人才，就越能在身處逆境時激發活力、釋放潛能。

5 不為一時之勝負所擾

在我們的人生旅途中，有一場接一場的比賽，輸贏都是難免的。贏了，自信就很容易被建立和恢復；輸了，自信就會被削弱，甚至喪失。然而，無論結果如何，在下一輪比賽開始之時，你都需要立即挺起自己的脊梁，勇敢地面對新一輪競賽。

因此，你可以輸掉幾場競賽，卻不能爲一時之勝負所擾。

一個人看到微軟招清潔工的訊息，便前去應聘。經過面試和實際操作測試，他表現不錯，人事部門告訴他被錄取了，向他要電子郵箱地址，以寄發錄取通知和其他的文件。

他說：「我沒有電腦，更別提E-MAIL了。」人事部門告訴他：「對微軟來說，沒有E-MAIL的人等於不存在的人，所以你不能被錄用。」

他很失望，但是沒辦法，只好離開微軟。

出來後，他口袋裡只有十美元。為了繼續活下去，他用身上僅剩的十美元到超商買了十公斤馬鈴薯，然後在附近挨家挨戶推銷。兩個小時後，他賣光了馬鈴薯，賺了二十美元。

他發現這樣可以賺錢養活自己。於是，他便認真地做起了這種生意。運氣加上努力，他的生意越做越大，不僅買了車，還雇了員工。五年後，他建立了一個很大的販售公司，提供人們只要在自家門口就可以買到新鮮蔬菜瓜果的服務。

生意成功後，他決定為家人買一份保險。簽約時，業務員問他要

E-MAIL。他的回答還是一樣：「我沒有電腦，更別提E-MAIL了。」

業務員很驚訝：「您有這樣一個大公司，卻沒有E-MAIL。想想看，如果您有電腦和E-MAIL，可以做多少事！」

他說：「如果有電腦和E-MAIL，我只會成為微軟的清潔工。」

輸了一次不等於會繼續輸，某方面輸，不等於滿盤皆輸。只要你勇敢地面對現實，認真地思考，積極地行動，就有可能在新一輪的競賽中贏得勝利，甚至收穫更多。

尺有所短，寸有所長。在人生的競技場上，每個人都有自己的強項和弱項。在某個方面弱並不等於其他方面不強，在一場比賽中輸了，也不等於下一場比賽仍舊會輸。在人生的競技場上還有無窮無盡的競賽項目，總有翻身的機會等著你。

勝敗乃兵家常事，每個人都會有輸的時候。不要讓「輸」削弱你的自信，更不要讓「輸」摧毀你的自信！當你遭遇一次「輸」的時候，別趴下，而是要告訴自己：「弱項輸了，還有強項，贏的機會在等待我。」然後去迎接、尋找新一輪的競賽。

每一塊土地都有適合的種子，每一粒種子都有適合的土地，在人生競技場上輸幾場比賽並不可怕，可怕的是輸了信心，失了精神脊梁，這才是最大的失敗。

第十一課 懂禮儀，是成功的鑰匙

一切「合宜合法」，就是禮儀

佛家說：「在佛門中，語默動靜安詳，一切合宜合法，就是禮儀。」也就是說，樹立良好的形象，不但是做人的基本條件，更可以成為自己修養加分。

美國的心理學者雷諾．畢克曼做了一個有趣的實驗。

他在紐約機場和中央火車站的電話亭裡，在任何人都可以看到的地方放了十分錢，等到一有人進入電話亭，約兩分鐘後，他就會前去敲門說：

「對不起，我在這裡放了十分錢，不知道您有沒有看到？」

最終統計退還硬幣的比率，詢問者服裝整齊時占百分之七十七，詢問者衣著寒酸時則只占百分之三十八。進入電話亭裡的人在被服裝整齊人的詢問時，會認為對方可能跟自己說了很關鍵的話；而面對衣著寒酸的人，因為有不想接觸的念頭，不想去理會對方的質問，所以根本沒有聽清楚他說的話，就開口回答「不」，企圖驅趕對方。

俗話說，「人在衣裳馬在鞍」。一個人穿什麼樣的衣服，會體現出不同的品味及內涵。同樣，一個機會若得到了出色的包裝，不僅會使其利用價值增進幾倍，甚至會令其發生質的突破。

在日常生活中，我們常常聽到這樣的勸告：不要以貌取人。但是經驗告訴我們，人是很難不以貌取人的。愛美之心人皆有之，人們對美的認識，很多時候是從第一印象中萌發的，而人的儀表恰好承擔了這一「特殊」的任務。

儘管許多有學識的人不修邊幅，不太注重自己的儀表形象，但那畢竟是少數。對於大多數人，尤其是需要出現在正式的社交場合的人來說，儀表至關重要。質於內而形於外，文化修養高、氣質好的人，都懂得如何修飾自己的形象。儀表端正體現了一個人的修養、品味格調，也是對人和周圍環境的尊重。

2 善用目光結「善緣」

一對戀人在一起，僅靠含情脈脈的眼神就能表達雙方愛慕之意。在人際交往中，你的眼睛也可以發揮很大的作用。

例如，直覺敏銳的客戶初次與推銷人員接觸時，往往僅看一下對方的眼睛就能判斷出「這個人可信」或「要當心這小子會耍花樣」，有的人甚至可以透過對方的眼神來判斷他的工作能力強不強。

在與他人的交往中，能否博得對方好感，眼神可以起主要的作用。下面這些都是遭人反感的不當眼神，你一定要在實際工作中儘量避免，以免不必要的麻煩。

◎不正眼看人。

不敢正眼看人可分爲：不正視對方的臉；不斷地改變視線以避開對方的視線；低著頭說話；眼睛盯著天花板或牆壁等沒有人的地方說話；斜著眼睛看一眼對方後立刻轉移視線；直愣愣地看著對方，當與對方的視線相交時，立刻慌慌張張地轉移視線，等等。大家都知道，怯懦、害羞的人或神經過敏的人是很難成事的。

◎眼珠四處亂轉。

當你找人辦事時，要是有一雙賊溜溜的四處亂轉的眼睛可就麻煩了。有的人在找別人辦事時常有目的地帶著一副柔和的眼神，可是一旦緊張或認真起來就會「原形畢露」。這種人必須時時刻刻注意自己平時的日常生活，養成使自己的眼神溫和的習慣。此外，對一切寬宏大量，是治療賊溜溜眼神的最佳辦法。

◎冷眼看人。

如果你有一顆冷酷無情的心，那麼，眼睛也會給人一種冷冰冰的感覺。有的人心眼雖然很好，可是兩眼看起來卻冷若冰霜，理智勝過感情的人、缺乏表情變化的人、自尊心過強的人或性格剛強的人等都會有上述現象。這種人很容易被人誤解，進而被人嫌棄，這是十分不利於工作和生活的。

這些人完全可以對著鏡子，琢磨一下如何才能使自己的眼神變得柔和、親切及討人喜歡，同時也要研究一下心理學。如果對自己的矯正還不太放心，可請教一下朋友。

◎**直愣愣的眼神。**

在與別人交流時，環顧四周是件非常重要的事。如果你目不斜視、直愣愣地朝著對方的辦公桌走去，那不僅是沒有經驗的表現，也很容易招人反感。應該怎麼辦呢？首先，要環顧一下四周（不要慌慌張張地瞪著大眼睛像找什麼東西似的東張西望，而要用柔和親切的眼神自然地環視四周），對視線能及的人，近的就走上前去打個招呼，遠的就禮貌地點個頭，行個注目禮。

只要你加以練習，就能讓自己的眼神看起來更加溫柔，給人留下美好的感覺。這將有利於你與他人的交流，更有助於形成良好的人際關係。

3 宴會的禮儀要求

一次宴會成功與否，是否能達到主人所預期的目的，與宴會的準備工作密切相關。在宴會前的準備工作中，必須要做到以下幾點：

第一，對象。要明確宴請的對象，包括主賓的身分、國籍、習俗、愛好等，以便確定宴會的規格、主陪人、餐式等。

第二，目的。宴請的目的可以是爲表示歡迎、歡送、答謝，也可以是爲表示慶賀、紀念，還可以是爲某一事件、某一個人等。明確目的，便於安排宴會的範圍和形式。

第三，範圍。請哪些人參加、請多少人參加都應當事先明確。主客雙方的身分要對等，主賓如攜夫人，主人一般也應以夫婦名義邀請。哪些人作陪也應認真考慮。對出席宴會人員還應列出名單，寫明職務、稱呼等。

在宴會之前，應按照宴請所要達到的目的，認真列出被邀請賓客的名單，誰是主賓，誰是次主賓，誰做陪客，都要一一列清，做到該請的請，不該清的不請，不能遺漏。一般來講，每次請的客人都有一個目的，或者洽談專案，或者簽訂合同，或者接風迎客，或者餞行話別等。按照常規，不宜把毫不相干的兩批客人合在一起宴請，更不能把平時有芥蒂的客人請到一起吃飯、飲酒，以免出現不愉快的場面。

不該說的話不要說，不該做的事不要做。在私人宴席上出錯，你還有機會彌補；可要是商務宴會中，你的一個錯誤可能就會丟掉幾千萬的訂單，因而要格外小心。

如果你是宴會的主辦者，一定要認真核對客人名單，仔細檢查有無遺漏的人員，特別是口頭邀請的客人。在發出邀請後，別忘記叮囑客人給予回覆，並再次表達自己的誠意。

如果你是那個被邀請的人，不管是打電話還是發邀請函，都要根據自己的行程儘快給出明確答覆；如果不能確定，就在出席宴會的前一天再給對方一個明確的答覆，以便對方掌握出席人數。含糊其辭或者模稜兩可都是不禮貌的，更不能突然造訪讓對方毫無準備，諸如假意推託、態度曖昧、語意模糊等都是不漂亮的做法。

宴請禮儀中，臨時缺席而事前又沒作出說明，使席位空著，是對主人極大的不尊重，也很容易因此而造成互相不再往來。所以，一旦接受邀請就必須如期赴約，除疾病和非處理不可的事情外，別的都不可成爲失約的理由；若實在不能出席，則要及時有禮貌地向主人解釋道歉，而且，決不能在同一天拒絕一個邀請後又趕赴另一個邀請。

準時到達也是赴宴的重要禮儀之一。準時是既不要遲到也不要早到太多，應稍有提前即可。太早到場容易給主人添麻煩，因爲他必須抽出時間來招呼你；遲到就更失禮了，既會給主人帶來不便，也會讓其他賓客因等待而感到不悅。當有客人遲到時，主人應該把晚餐推遲十五分鐘，這是通行的做法。如果爲了一個人，而讓其餘的人等候二十分鐘以上，那是很無禮的。

如約到達後，客人應在主人引導下與其他賓客一起入席；切忌提前到餐桌旁落座。在這個時間可以和熟識的人做些溝通，也可以通過主人牽線搭橋去認識你想認識的人。

此時，透過交流，陌生人可以由不熟悉變成熟悉；一直心懷戒備的人可以變成知己。可見，即使是簡單的一次用餐，有時也能收到事半功倍的效果。

4 生活的禮儀素養

佛門中的四威儀：行如風，立如松，坐如鐘，臥如弓，就是從行、立、坐、臥來訓練威儀。

現代的禮儀規範，範圍可擴大為生活六威儀：坐姿如鐘，必須穩重；站立如松，必須正直；容貌如鏡，必須明淨；行止如法，必須合理；視聽如教，必須受益；思想如水，必須清淨。

正確而優雅的舉止，可以使人顯得有風度、有修養，給人以美好的印象；反之，則顯得不雅，甚至失禮。在現實生活中，我們經常碰到這樣的人：他們或是儀表堂堂，或是漂亮異常，然而一舉手、一投足，都表現出粗俗。這種人雖金玉其外，卻是敗絮其中，只會讓別人厭惡。所以，在社交活動中，要想給對方留下美好而深刻的印象，外在的美固然重要，而高雅的談吐、優雅的舉止等內在涵養的表現更爲人們所喜愛。這就要求我們應當從舉手、投足等日常行爲方面有意識地鍛煉自己，養成良好的站、坐、行姿態，做到舉止端莊、優雅得體、風度翩翩。

人們也經常會有這樣的體驗，那就是喜歡某個人，往往不是喜歡對方漂亮的外表，而是爲對方那通體的氣質所吸引。這也正應了那句話：一個人的真正魅力主要在於其特有的氣質。

所謂氣質美，主要表現在言行舉止上，一舉手，一投足，說話的表情，待人接物的分寸，皆屬此列。朋友初交，互相打量，立即產生好印象，這個好感除了言談的作用之外，就是氣質潛移默化的效果。

下面就介紹一下關於站、坐、行三方面基本的舉止禮儀。

◎**站如松**。

所謂站如松，主要是指站姿要正要直。人的正常站姿，也就是人在自然直立時的姿勢。其基本要求是：頭正，頸直，兩眼向前平視，閉嘴，下頷微收；雙肩要平，微向後張，挺胸收腹，上體自然挺拔；兩臂自然下垂，手指併攏自然微屈，中指壓褲縫；兩腿挺直，膝蓋相碰，腳跟併攏，腳尖張開；身體重心穿過脊柱，落在兩腳正中。從整體看，形成一種優美挺拔、精神飽滿的體態。

在正式場合，不宜將手插在褲袋裡或交叉在胸前，更不要下意識地做小動作，如擺弄打火機、香菸盒，玩弄衣帶、髮辮，咬手指甲等，這樣不但顯得拘謹，還給人缺乏自信和經驗的感覺，也有失儀表的莊重。

◎**坐如鐘**。

所謂坐如鐘，是指坐姿要端正。人的正常坐姿，是在其身後沒有任何依靠時，上身應挺直稍向前傾，頭平正，兩臂貼身自然下垂，兩手隨意放在自己腿上，兩腿間距與肩寬大致相等，兩腳自然著地。背後有依靠時，在正式社交場合，也不能隨意地把頭向後仰靠，顯出很懶散的樣子。這就是我們常說的「坐有坐相」。

爲了保證坐姿的正確優美，你還要注意以下幾點：

一是落座以後，兩腿不要分得太開，女性如此尤爲不雅。

二是當兩腿交疊而坐時，懸空的腳尖應向下，切忌腳尖向上，並上下抖動。

三是與人交談時，勿將上身向前傾或以手支撐著下巴。

四是落座後應該安靜，不可一會兒向東，一會兒向西，給人一種不安分的感覺。

五是坐下後雙手可相交擱在大腿上，或輕搭在沙發扶手上，但手心應向下。

六是如果座位是椅子，則不可前俯後仰，也不能把腿架在椅子或沙發扶手上、茶几上，這都是非常失禮的。

七是端坐時間過長，會使人感覺疲勞，這時可變換姿勢爲側座。

八是在社交和會議場合，入座要輕柔和緩，起身要端莊穩重，不可猛起猛坐，弄得座椅亂響，造成緊張氣氛，更不能帶翻桌上的茶杯等用具，以免尷尬被動。

總之，坐的姿勢除了要保持腿部的美以外，背部也要挺直，不要像駝背一樣，彎胸曲背。座位兩邊如有扶手，不要把兩手都放在兩邊的扶手上，給人以老氣橫秋的感覺，而應輕鬆自然、落落大方，方顯得文靜優美。

◎**走姿優美。**

每個人行走的時間都比站立的時間要長，而且行走一般是在公共場所進行，所以，要非常重視行走姿勢的輕鬆優美。

走路時，兩隻腳所踩的是一條直線，而非兩條平行線。此外，走路時，膝蓋和腳腕要富於彈性，兩臂應自然、輕鬆地擺動，使自己走在一定的韻律中，否則就會顯得非常不協調，看起來很不舒服。正確的走路姿勢應是：輕而穩，胸要挺，頭抬起，兩眼平視。

優雅的舉止有助於你形成高雅的氣質，而氣質高雅的人往往更受人尊重、喜歡，因爲大家都認爲這樣的人辦事穩重，所以許多大公司會經常委派這樣的人員負責公關部的接待工作，用以樹立公司的形象，贏得客戶的信賴與合作。

擁有這種氣質類型的人，在工作中業績也往往比較突出。因爲這種氣質給人的感覺是誠懇、實在、不虛妄，容易讓人產生信任感。信任人同信任產品一樣重要，想要客戶接受你的產品，首先要讓他接受你這個人。

「桃李不言，下自成蹊。」在舉手投足間盡顯迷人風采的人，必然會以其優美的舉止言談、高尚的品德情操，贏得更多人的喜愛，從而擁有更爲豐富的人脈資源。

5 最好的禮物

送禮是一門很大的學問，從古至今，人們借著送禮來表達對彼此的關懷、感謝與祝福。然而，送禮要送得適時、適當，才能發揮出禮物的價值。有些人送禮不當，造成對方的困擾、不悅，或是讓彼此陷入尷尬，反而適得其反。

中國人喜歡以禮表情達意。串門走親戚，托人辦事情，手上都不忘提一份禮物。大凡送禮的人都希望自己送去的禮品對方能喜歡，能通過禮物體會到你的那份敬意和祝頌，並爲雙方的交往錦上添花。但是在饋贈禮物時必須遵守一些基本的禮儀，否則會有適得其反的效果。

那麼，饋贈中需要注意的禮儀都有哪些呢？

◎**包裝是不是精美**。

精美的包裝不僅能使禮品的外觀更具藝術性和高雅的情調，也可以彰顯出贈禮人的文化和藝術品味，還可以使禮品產生和保持一種神秘感，既有利於交往，又能引起受禮人的興趣和探究心理，從而令雙方愉快。好的禮品若不講究包裝，不僅會使禮品遜色，使其內在價值大打折扣，使人產生「人參變蘿蔔」的缺憾感，還容易使受禮人輕視禮品的內在價值，折損送禮人的好意。

◎**場合是不是適合**。

通常情況下，當眾給一群人中的某一個人贈禮是不合適的，因爲那會使受禮人有受賄和受愚弄之感，而且會使沒有受禮的人有受冷落和受輕視之感。因此，饋贈最好私下進行，在輕鬆愉快的氛圍內傳達出你的情誼。

◎**態度是不是友善**。

只有平和友善的態度和落落大方的動作並伴隨禮節性的語言表達，才是令贈受雙方所能共同接受的。如做賊似的悄悄將禮品置於桌子下或某個角落的做法，不僅達不到饋贈的目的，還有可能會適得其反。

◎ **時間是不是方便**。

一般來講，最好是在相見或者道別的時候饋贈禮物。

◎ **對對象是不是瞭解**。

不同對象的需要和喜好是不一樣的。比如，喜歡書法的人可能喜歡別人送他字畫；喜歡收藏郵票的人喜歡對方送他有珍藏價值的郵票，等等。因此，不一定貴重的禮物才是最好的。在饋贈禮物的時候還要注意到三大禁忌：宗教禁忌、職業和個人方面的禁忌。

◎ **接受禮物的禮儀規範**。

除了饋贈別人禮物需要注意一些禮儀規範之外，接受別人的禮物時也要符合禮儀規範。當送禮者取出禮品時，接受禮物的一方應當表現得大方穩重，面帶微笑地注視著對方，在對方遞上禮物的時候，要用雙手接住，然後將禮物放在自己的左手上，將右手空出來和對方握手。如果禮物較大，則可以將禮物放在桌子上，然後和對方握手，同時要說一些感謝之類的禮貌用語。

如果當時有時間的話，可以當著對方的面將禮物拆封，但動作一定要輕柔文雅，以防將禮物弄壞，同時對禮物要進行一番讚美。

如果禮物是由他人轉交或者是寄交，應在接到禮物的時候通知對方禮物已到並表示感謝。如果因爲諸多原因不能接受對方的禮物，也不能不給對方面子的直接拒絕，而要給對方一個容易接受的理由，比如，可以說是公司的規定等。

還需要注意的一點是，不能在接受別人的禮物後，馬上就送禮物給對方，這樣會給人一種迫不及待還對方人情的感覺。可以在對方有節日慶典或者重大活動的時候送上自己的禮物，也可以寄以書信表示感謝。此外，還可以在對方面前或者公眾場合使用或者佩戴對方贈送的禮物，或是在對方有困難的時候提供幫助。

多站在對方的角度想一想，送出讓對方喜歡的禮物才是饋贈的最佳目的，盲目追求貴重是饋贈的大忌。

6 自身修為不可少

人總是要接觸社會，要同他人打交道。在人際交往中，如果本身沒有一些令人喜歡的特質，就不會有良好的人際關係。

我們常常看到這樣一種人，他們總是自以爲是，凡事都是自己好，對的都是自己，錯的都是別人。事實上人不可能沒有一點毛病，做事也不可能永遠正確，這一點對別人適用，對自己也同樣適用，因而在與人交往時，你就要對別人的某些缺點和錯誤多點寬容之心，同時經常反省自己，看看自己有什麼做得不好的地方，對自己嚴格要求。

古人說「君子求諸己，小人求諸人。」這句話的意思是說，作爲一個君子，要先從自己找原因，嚴格要求自己，而不能專對別人吹毛求疵。其中還包含著一個意思：與人交往，自己要先做好，要先從自己做起，而不能老是指望別人。

古人還說，「己所不欲，勿施於人」，「己欲立而立人，己欲達而達人」，「能近取譬，可謂仁之方也已」。這幾句話的意思是說：你自己不希望別人所強加給你的，你就不要把同樣的做法強加給別人，也就是俗話說的「將心比心」；你自己要想站得住，也要讓別人站得住，你自己想行得通，也要讓別人行得通，不要光說自己的理。

自身修養可以分爲道德、品格、形象等幾方面。有些人目光短淺，認識問題的層次低，胸懷狹窄，容不下事，容不了人，聽不進不同意見，這樣就沒有辦法與別人和睦相處。我們應該站得高一點，看得遠一點，虛懷若谷，方能容四海百川，千萬不要在雞毛蒜皮的問題上斤斤計較，搞名利之爭、意氣之爭、面子之爭。

有些人缺乏光明磊落的品質，喜歡傳播小道消息；有的喜歡分親疏遠近，拉幫結派。這些都是人際交往中的大忌。

另外，個人容貌、穿戴、風度等儀表因素，也會影響人們對彼此的吸引力，尤其是在第一次見面時。因此，我們不但應該對自己的穿著有一定的要求，還應培養自身內在的素質和修養。

第十二課 會管理，是成功的展現

1 領導若無情，下屬怎會有義

貼近下屬、關心下屬在很大意義上就是貼近企業的未來。雖然領導者的謀略至關重要，但要使謀略轉化成生產力，就離不開下屬默默無聞的工作。

下屬是工作成績的真正創造者，儘管領導可用高壓手段迫使下屬去服從，但很可能會激起下屬的逆反心理，從而進行消極怠工或暗中抵制，以致工作效率降低，影響工作目標的實現。相反，如果領導者能貼近下屬的內心世界，真誠地關心下屬，把下屬的苦惱和難處放在心上，並爲其排憂解難，相信下屬會對領導者感恩圖報，以最大的熱情投身工作，竭盡全力爲企業創造價值，即使再累再苦，也心甘情願、無怨無悔。

領導者對下屬的關心之情應該發自內心，這是領導者人格魅力的集中體現。只有關心下屬，愛才會產生。以下列舉的是幾個員工情緒低落的特定時期，管理者若在此時多給予員工關愛，必能感動員工，激勵員工爲企業全心全意效力。

第一，員工生病時。在身體不適時，人的心靈總是特別脆弱。

第二，工作不順心時。人在彷徨無助的時候，對來自別人的安慰或鼓舞的需要比平常更加強烈。

第三，人事變動時。剛剛調來的員工，心中往往都交織著期待與不安，這時，管理者應該幫助他早日消除這種不安。另外，由於工作崗位構成人員的改變，員工之間的關係也會產生微妙的變化。

第四，家庭出現問題時。如經濟方面的問題，或收入突然減少，或一下子要支付一筆很大的開支而影響了家庭的正常生活等；或是子女方面的問題，還是長輩方面的問題，或有親人去世等等。

2 打造幸福企業

幸福，在很多人眼裡是個奢侈的名詞，而幸福企業更讓很多人感覺可望不可及。有很多老闆這樣抱怨：「世界上哪有什麼幸福企業？老闆幸福了，員工就不幸福；員工幸福了，老闆又該不幸福了。」

老闆和員工的矛盾，真的是不可調和的嗎？

回答這個問題之前，要先理清楚老闆和員工的目標是否存在衝突。很多老闆試圖將員工捆綁在自己周圍，希望員工做到與自己榮辱與共。試想，公司並不是國家和民族，員工對公司本就沒有與生俱來的榮譽感。身為管理者應該做的，是通過建立幸福企業，為員工提供融洽的工作環境，將原本不可調和的所謂「階級矛盾」轉變成和睦的家庭式關係，等到公司發展壯大之後，自然就會為員工帶來天生的自豪感和認同感。

企業的一切是為了人，企業的發展是為了人的發展，企業的目的是為了給員工帶來幸福。不管是股東、管理者還是員工，儘管他們分工、職位不同，終極目的都是為了幸福。所以，幸福最大化才應該是企業的終極目的，幸福力才應該是企業終極的核心競爭力。

對一家企業來說，追求高額利潤只是一個方面，為員工創造一個良好的工作氛圍，讓員工保持愉快積極的人生態度，則屬於企業社會責任的範疇。打造幸福企業，提高員工的幸福感和身為企業一員的自豪感，讓員工充分感受到自己是公司的主人公，員工才能在生產和經營中認真工作，將公司榮辱與個人榮辱融爲一體，才能保證產品品質，提升品牌形象，最後能夠演變成內生於企業的凝聚力，成爲企業文化的一個重要組成部分，成爲最終企業命運的核心競爭力。

3 好的思維之根，結出好的效益之果

什麼是管理？有人說管理是一門科學，有人說管理是一種技術，有人說管理是一些技巧，有人說管理是綜合的藝術——翻開一百本管理教科書，對「管理」定義有一百種不同的描述。但是仔細研究、對比分析就會發現，陽光之下無新事、管理之中無新理。對管理的表述表面上眾說紛

紜，實質上大同小異。不同企業實施管理的目的是相同的，就是要招呼大家把事情做好。

管理的最高境界是公認的，就是老子告誡的「無爲而治」。所謂「人盡其才，物盡其用，時盡其效」、「最大限度地解放生產力，以最低的成本創造最高的效益」……這些都是管理者共同追求的目標。但是在日常的經營管理工作中，由於對管理的理解不同，管理的方法不同，管理的效果也千差萬別。

《涇野子．內篇》有一個故事可以幫助我們理解什麼叫作管理。

一西鄰人生有五子，卻有三個殘疾：長子老實，次子聰明，三子目盲，四子背駝，五子腳跛。一般的家庭遇到這種情況，必是苦不堪言——它的人力資源狀況太差了，與那些健康的家庭比，不是被急死氣死，就是被餓死。可西鄰人用創新的方式思考問題、配置資源，反而讓他們一家比周圍的人家生活得都好。

長子老實，西鄰人便讓其務農，老實人總是不誤農時，年年豐收；次子聰明，讓其經商，經營有術，財源廣進；三子目盲，學習按摩卜卦，收益頗多；四子背駝，讓其搓繩子，勝過常人；五子腳跛，讓其紡線，一點也不誤事。西鄰人由於能短中見長、以長避短，所以讓五子各展其長、各得其所，將現有資源的優勢和潛力充分發揮，因而能夠「不患於食，且樂」。

西鄰人對有限資源的合理開發和充分利用，爲企業管理者提供了一種富於創造性的思維方式。與西鄰人相比，我們不難發現自己在「管理」上的差異與差距。

歸根到底，管理源於思維，思維是管理的根，理念是管理的莖，方法是管理的枝，效益是管理的果。

那麼，什麼是「思維」呢？思就是想，想做什麼？想創辦一個什麼樣的企業？維就是序，思維就是有秩序地思索、思考：應當進入哪一個行業？應當從哪裡出發？是造船出海，還是借船出海？如果「思」是明確了「做什麼和去哪裡」，那麼「維」就是要解決「怎麼做和怎麼去」的問題。

通過理性的思考清晰目標、明確路徑的過程就是思維。

管理的概念是：「根據一定的原理，運用一定的方法，對人、財、物、資訊等資源進行合理分配，以達到預期經營目標的過程。」而根據什麼樣的原理呢？仁者見仁，智者見智。如果把人當成機器人，那就採用大棒原理；把人當成經濟人，那就推崇金錢萬能原理；把人當成社會人，那就要注重人的需求滿足原理；把人當成主人和自己人，那就要體現親情管理原理，推行股權激勵計畫，讓耕者有其田，工者有其股。

員工只有找準了自己的位置，明確了自己的任務，才能各盡所能地去實現企業的總目標。否則就會降低管理的效率，浪費企業的資源，錯過發展的機會。所以說，辦企業必須以管理爲基礎，而管理又應以「思維」爲靈魂。

只有好的思維之根，才能結出好的效益之果。

4 任人之道，要在不疑

歐陽修曾經說過：「任人之道，要在不疑。寧可艱於擇人，不可輕任而不信。」要使用好一個人，就必須做到信任一個人，否則有再好再多的人才也等於零。如果你懷疑這個人，那就乾脆不要用；而一旦任用，你就要放手讓他去發揮，你在一旁監督就行。

武德二年十一月，唐高祖命秦王李世民率軍征討劉武周，不到兩年，就將劉武周全軍擊潰。經過宇文士及勸降，尉遲敬德與劉武周麾下另一員大將尋相連同許多部下都向李世民投誠。但是沒過多久，尋相就帶著其他將領叛逃了。

當時，有人猜測尉遲敬德可能也會反叛，所以未向李世明請示，就將尉遲敬德給抓了起來，還力勸李世民說：「尉遲敬德歸降不久，現在我們懷疑他會反叛，關了他這麼久，他必然心生怨恨。此人勇猛異常，留著將來可能是禍害，不如宰了利索。」

但李世民卻說：「尉遲敬德是比尋相厲害的人物，他要是想反，還會落到尋相後頭嗎？」非但沒有殺他，反而將他放了出來，並且召入臥室，溫語相慰，還贈送許多金銀珠寶。

尉遲敬德被李世民的赤誠所感動，發誓「以身圖報」，後來，果然為李唐王朝立下了赫赫戰功，更在後面的「玄武門之變」中幫助李世民奪得皇位。

然而，「用人不疑」說起來容易，做起來卻很難。在幾千年的封建官場上，厚顏無恥的小人輩出，爾虞我詐的讒言肆行，三人成虎的例子比比皆是，即使是開明的帝王也往往受其所惑。

美國管理學家艾德·布利斯曾提出一個觀點：「當你授權的時候，要把整個的事情托給對方，同時交付足夠的權力讓他能做必要的決定。」這就是著名的「布利斯原則」，管理者們也常常稱此爲「授權法則」。

「用人不疑，疑人不用」，這是管理中的重要原則。當管理者授權他人辦事的時候，必須把足夠的權力交付於他人，否則會事半功倍，枉費力氣。甚至會因爲不信任，而使得自己和部下之間產生隔閡，最後讓有才能的部下都紛紛離自己而去。就像是趙王一樣，因爲猜忌而自毀長城。

5 變通造就成功

戰國時期，秦國有個人叫孫陽，精通相馬，無論什麼樣的馬，他一眼就能分出優劣。因此，他常常被人請去識馬、選馬，人們都稱他為伯樂。

有一天，孫陽外出打獵，一匹拖著鹽車的老馬突然向他走來，在他面前停下後，衝他叫個不停。孫陽摸了摸馬背，斷定是匹千里馬，只是年齡稍大了點。

老馬專注地看著孫陽，眼神充滿了期待和無奈。孫陽覺得這匹千里馬實在太委屈，牠本是可以奔跑於戰場的寶馬良駒，現在卻因為沒有遇到伯樂而默默無聞地拖著鹽車，慢慢地消耗銳氣和體力，實在可惜！孫陽想到這裡，難過得落下淚來。

這次事件之後，孫陽深有感觸。他想，這世間到底還有多少千里馬被庸人所埋沒呢？為了讓更多的人學會相馬，他把自己多年積累的相馬經驗和知識寫成了一本書，配上各種馬的形態圖，書名叫《相馬經》，目的是使真正的千里馬能夠被人發現，盡其所才，也為了讓自己一身的相馬技術能夠流傳於世。

孫陽的兒子看了父親寫的《相馬經》，以為相馬很容易。他想，有了這本書，還愁找不到好馬嗎？於是，就拿著這本書到處找好馬。

他按照書上所畫的圖形去找，沒有找到。又按書中所寫的特徵去找，最後在野外發現了一隻癩蛤蟆，這隻癩蛤蟆與父親在書中寫的千里馬的特徵非常像。他興奮地把癩蛤蟆帶回家，並對父親說：

「我找到了一匹千里馬，只是馬蹄短了些。」

父親一看，氣不打一處來，沒想到兒子竟如此愚蠢，只得悲傷地感嘆道：「所謂按圖索驥也。」

這個故事出自明朝楊慎的《藝林伐山》，也是成語「按圖索驥」的由來。這個寓言有兩層寓意，一是比喻按照某種線索去尋找事物，二是諷刺那些守舊主義的人，機械地照老方法辦事，不知變通。

挪威的貝克教授曾經做過一個有趣的實驗：把一些蜜蜂和蒼蠅同時放進一隻平放的玻璃瓶裡，使瓶底對著光亮處，瓶口對著暗處。結果，那些蜜蜂拼命地朝著光亮處衝撞，最終氣力衰竭而死；而亂竄的蒼蠅竟都溜出了細口瓶頸，成功逃生。

這個實驗告訴我們：在充滿不確定性的環境中，我們需要的不是朝著既定方向的執著努力，而要在隨機應變中尋找求生的路；不是對規則的遵循，而是對規則的突破。我們不能否認執著對人生的推動作用，但也應看到，在一個經常變化的世界裡，靈活機動的行動比有序的衰亡好得多。

執著和變通是兩種人生態度，不能單純地說哪個好、哪個不好。單純的執著與單純的變通，二者都是不完美的，只有二者相輔相成，才能取得最後的成功。

隨機應變、靈活變通是一種智慧，這種智慧讓人受益匪淺。

孫臏是我國古代著名的軍事家，他的《孫臏兵法》處處蘊含著變通的哲學。孫臏本人也是一個善於變通的人。

孫臏初到魏國時，魏王要考查一下他的本事，以確定他是否真的有才華。

魏王坐在寶座上，對孫臏說：「你有什麼辦法讓我從座位上下來嗎？」

龐涓出謀說：「可在大王座位下生起火來。」

魏王說：「不行。」

孫臏說：「大王坐在上面，我是沒有辦法讓大王下來的；不過，大王如果在下面，我卻有辦法讓大王坐上去。」

魏王聽了，得意洋洋地說：「那好，」說著就從座位上走了下來，「我倒要看看你有什麼辦法讓我坐上去。」

周圍的大臣一時沒有反應過來，也都嘲笑孫臏不自量力，等著看他的洋相。

這時，孫臏卻哈哈大笑起來，說：「我雖然無法讓大王坐上去，卻已經讓大王從座位上下來了。」

大家這才恍然大悟，對孫臏的才華連連稱讚。魏王也對孫臏刮目相看，孫臏很快就得到了魏王的重用。

在處理問題時，我們總是習慣性地按照常規思維去思考，但如果能像孫臏那樣，學會靈活變通，那麼你會發現「柳暗花明又一村」。

6 話不要說過頭，事不要做太絕

有一頭大象在樹林裡漫步，由於光線很暗，一不小心把刺蝟的巢給踩壞了。大象很慚愧地向刺蝟賠禮道歉，但刺蝟卻對此耿耿於懷，不肯原諒大象。

一天，刺蝟看見大象睡著了，心想：「機會來了，我要報復大象，至少，我可以咬這個龐然大物一口。」

但是，大象的皮特別厚，刺蝟根本咬不動。刺蝟圍著大象轉了幾圈，終於發現大象的鼻子是個進攻點，於是，暗自得意地鑽進大象的鼻子裡，狠狠地咬了一口大象的鼻腔黏膜。

大象感覺鼻子裡一陣刺痛，猛地打了一個噴嚏，將刺蝟彈射出好遠，刺蝟被摔了個半死。

過了好久，刺蝟才從地上爬起來，牠被摔得痛不欲生。對前來探望自己的同類說：「要記住我的慘痛教訓，得饒人處且饒人！」

生活中總有些人像刺蝟一樣，小肚雞腸，無理爭三分，得理不讓人。假如是重大的是非問題，自然應當不失原則地論個青紅皂白，甚至爲追求真理而獻身；但若爲一些非原則的、雞毛蒜皮的小事而睚眥必報，結果弄得兩敗俱傷，就不值得了。

朋友之間因爲一句閒話而爭得面紅耳赤，形同路人；鄰里之間因爲孩子打架導致大人拌嘴，老死不相往來；夫妻之間因爲家庭瑣事爭吵不斷，最終勞燕分飛，如此等等，不一而足。得饒人處不饒人，結果往往是既害了別人又害了自己。

據說，在建房子的時候，要在需要的地方恰到好處地留一點空間，避免擠壓變形出現，以不太完美的形式達到完美的境界。為人處世方面也應該這樣。留一點縫隙，也就是為自己留一條後路。如果我們時時處處工於算計，事事錙銖必較，不給別人留半點餘地，不讓自己犧牲一點利益，那麼人與人之間，必定會出現劍拔弩張的局面。

任何事情都不要做得太絕，得饒人處且饒人，寬容別人就是寬容自己，給別人留條後路，也就是給自己留條後路。

宋代的呂蒙正胸懷寬廣、氣量宏大，有大將風度。每當遇到與人意見相左時，他必定會以委曲婉轉的比喻來曉之以理，動之以情，皇帝對他很是信任。

當呂蒙正初次進入朝廷的時候，有一個官員指著他說：「這個人也能當參政嗎？」

呂蒙正假裝沒聽見，付之一笑。他的同伴為此憤憤不平，要質問那個官員叫什麼名字。呂蒙正馬上制止他們說：「一旦知道了他的名字，就一輩子也忘不了，不如不知道的好。」

當時在朝的官員也佩服他的豁達大度。後來，那個官員親自到他家裡去致歉，並與之結為好友，相互扶持。

爲人處世，留有縫隙，是一種君子風度，可以顯示一個人博大的胸襟和深厚的修養。

這個世界說大也大，說小也小。人海茫茫也會狹路相逢，你今天得理不饒人，又怎麼知道他日會不會與那人相遇呢？不讓別人爲難，就是不讓自己爲難；讓別人活得輕鬆，也就是讓自己活得瀟灑。這就是做人要留有餘地的妙處。

不管是誰，都要謹記以下「四絕」：權力不可使絕，金錢不可用絕，言語不可說絕，事情不可做絕。

第十三課　夠「敏感」，是成功的先機

／對資訊「敏感」，可掌握先機

我們處於一個資訊爆炸的時代，機遇就來自這浩如煙海的資訊。有時，一句話，一則消息，一件微不足道的小事，就包含著難得的機遇，關鍵看你如何對待它，能不能及時抓住它。例如對國際局勢、時事發展有敏感的嗅覺，就會知道世界上在哪裡投資最能獲利，在哪裡居住最爲安全，和哪些人來往最能搶到先機。

對時勢的敏感，有些是眼睛看的資訊，有些是耳朵聽的資訊，有些是從點點滴滴的瑣碎事情中歸納出來的，經濟學者、軍事專家、政治掌權者都要有足夠的敏感度才能立足當今社會。

有香港「假髮之父」稱號的劉文漢，就是靠餐桌上的一句話抓住機遇的。

一九五八年，不滿足於經營汽車零件的劉文漢到美國旅行兼考察商務。有一天，他到克利夫蘭市的一家餐館同兩個美國人共進午餐，美國人一邊吃，一邊談著生意經。其中一個美國人說了一句話：假髮。

劉文漢好奇道：假髮？美國商人就拿出一頂黑色假髮說，他想買十三種不同顏色的假髮。

像這樣餐桌上的交談，不過是普通的談話，沒有什麼意義和價值。但是，言者無意，聽者有心，劉文漢憑著敏捷的頭腦，很快就作出判斷：在假髮上可以大做一番文章。這頓午餐竟成了劉文漢發跡的起點。

劉文漢經過一番調查發現，戴假髮的熱潮正在美國興起，這是一個十分大的市場。他一回到香港，就在香港創辦工廠，製造假髮出售。

但是，製造假髮的專家到哪裡去找？劉文漢又陷入了苦惱和焦慮中。正好一位朋友來訪，閒談中提到一個專門為粵劇演員製造假髮的師傅。劉文漢不辭辛苦地找到了他，想請他幫自己做假髮。可是，這位高手製造一頂假髮需要三個月的時間！這樣怎麼能做生意呢？

劉文漢的思路沒有就此停住，他在頭腦中飛快地將手工與機器聯繫起來，終於想出了辦法。他把這位假髮專家請來，又招了一批女工，然後自己改造了幾架機器，由老師傅品質把關，與生產同步進行，世界第一個假髮工廠就這樣建成了。

各種顏色的假髮被大量生產出來，數千張訂單如雪片般飛來，劉文漢口袋裡的鈔票也與日俱增。到一九七〇年，他的假髮外銷總額突破十億港幣，並當選為香港假髮製造商會的主席。

一個消息有可能使窮漢變成富翁，也可以讓一個企業起死回生，乃至興旺發達。在我們的生活中有許多非常有價值的資訊，每一個消息背後可能就隱藏著一塊很有開發價值的市場處女地。

2 拒絕盲從心態

在一群羊前面橫放一根粗大的木棍，若第一隻羊跳了過去，第二隻、第三隻也會跟著跳過去。這時，把那根棍子悄悄撤走，後面的羊仍然會像前面的羊一樣向上跳一下再過去，儘管那根攔路的棍子已經不在了。這就是所謂的「羊群效應」，也稱「從眾心理」。

從眾心理很容易導致盲從，而盲從者往往會陷入騙局或遭到失敗。

一位石油大亨去世了，走在去往天堂的路上。

這時，聖彼得攔住了他，對他說：「你確實有資格住進天堂，不過，天堂裡為石油大亨們保留的地方已經額滿了，沒辦法再把你塞進去，所以……」

石油大亨思考了一下，對聖彼得說：「我可以理解，不過，我想同裡面的居民說一句話，請您允許。」聖彼得覺得這要求不過分，就同意了。

只見石油大亨把手攏在嘴邊大聲喊道：「地獄裡發現石油了！」只聽「砰」的一聲，院子的大門打開，裡面的人蜂擁而出，爭先恐後地向地獄跑去。

聖彼得驚訝地看著眼前的一幕，對石油大亨說：「你太有才了，好了，現在你可以在天堂居住了，好好照顧自己。」

可是，石油大亨卻在天堂門口停住了，他望著遠處奔往地獄的人群，猶豫地說：「算了，我還是不要進去了，大家都去了地獄，說不定那裡真的有石油，我也要去地獄，再見，聖彼得。」話音未落，便拔腳往地獄狂奔而去。

社會心理學家研究發現，影響從眾心理的最重要的因素是持某種意見的人數多少，而不是這個意見本身的內容。人數多本身就有一定說服力，很少有人能在眾口一詞的大勢下堅持自己的不同意見。

真正聰明的人不會盲目地跟從別人的思維，他們會進行獨立的思考，做出理性的判斷後再付諸行動；相反，那些平庸的人則經常跟隨潮流做出一擁而上的事情。

「羊群效應」並不見得一無是處，理性地利用和引導「羊群行爲」，可以低成本、高效率地創建區域品牌，獲得利大於弊的較佳效果。

「羊群效應」一般出現在資訊不對稱的行業。在這個行業中，領先者（領頭羊）擁有豐富的資訊，佔據了主要的注意力，跟風者會不斷模仿這個領頭羊的一舉一動，領頭羊到哪裡去「吃草」，其他的羊也去哪裡「淘金」。所以，尋找好領頭羊並規範其行爲是利用羊群效應的關鍵。

在就職方面，往往也會出現「羊群效應」。學會思考，學會正確衡量自己，去尋找真正屬於和適合自己的工作，而不是所謂的「熱門」工作。如果個性與工作不合，反而會導致更快的失敗。

盲目跟在別人屁股後面亦步亦趨，難免會被淘汰。最重要的是要有自己的主見、自己的創意，不走尋常路才是從大眾中脫穎而出的捷徑。

不論是加入某個公司成爲其中的一員，或者是自主創業，保持創新意識和獨立思考的能力都是至關重要的，這也正是一個人應該具備的「思維品質」。

能夠變通思考的人，善於從喪失小利益當中學到大智慧。捨小利爲大謀也是一種哲學的思路。

人非聖賢，誰都無法拋開七情六欲，但是，要成就大業，就得分清輕重緩急，該捨的就得忍痛割愛，該忍的就得從長計議。

歷史上，劉邦與項羽在稱雄爭霸、建功立業上表現出不同的態度，最終得到了不同的結果。蘇東坡在評判楚漢之爭時說，項羽之所以會失敗，就因爲他不能忍，不願意捨棄小利益，白白浪費了自己百戰百勝的勇猛；而漢高祖劉邦卻非常能忍，懂得捨小利爲大謀的道理，養精蓄銳，等待時機，直攻項羽弊端，最後奪取勝利。

所以，在生活中，只有懂得去捨棄一些小利益，一切從長計議，才能靈活變通地處理人和事，最終達成我們的目標。

第十四課　講方法，是成功的捷徑

1 聰明人做事，都講究捷徑

聰明人做事，講究方法和捷徑。他們直接運用他人的方法，省略盲目的實驗過程，達到事半功倍的效果。

有兩個成語，一個叫「事半功倍」，一個叫「事倍功半」，表達的意思剛好相反。前一個說的是花一半的功夫取得了一倍的效果，後一個說的是花了一倍的功夫卻只取得了一半的效果。這兩個成語說的就是做事情的方法問題。而尋找捷徑通常是聰明人的做法。

捷徑就是抄近路，不需要繞遠道就可以到達目的地。一般人都喜歡抄捷徑，甚至當官也有「終南捷徑」可走。

唐朝宰相盧藏用，在他初中進士時未能如願獲得官職，因此特意隱居在長安南面的終南山，以待朝廷徵召，後來果然以「高士」之名入仕；後世一般士子起而效法，認爲到山林隱居，建立社會清流的形象，博得隱士的美名之後，比較容易獲得應召當官的機會，「終南捷徑」也因此成爲官場捷徑的代稱。

做任何事情，都既要勤奮刻苦，又要開動腦筋。只有方法找對了，做起事來才會更快、更好。

西方有一句有名的諺語——Use your head，就是多多動腦的意思。許多人一生都遵循著這句話，解決了很多被認爲根本解決不了的問題。在現代社會，每個人都在想盡一切辦法來解決生活中的一切問題，而最終的強者是使用最巧妙的那部分人。

在市場經濟的新時代，做任何事都要爭取一個好的結果。不僅要做事，更要做成事；不僅要有苦勞，更要有功勞。因此，不妨問一問自己：是否解決了一個或幾個棘手的問題，給別人留下了深刻的印象？是否做了幾件業績突出的事情，讓領導和其他人十分欣賞？

當誰都認爲工作只需要按部就班做下去的時候，偏偏總有一些優秀的人，會找到更有效的方法，將效率大大提高，將問題解決得更完美！正因爲他們有這種「找方法」的意識和能力，他們才能以最快的速度得到認可！

人生的道路必須腳踏實地，一步一腳印地走，不能好高騖遠，但有時尋找一些捷徑，可以迅速實現目標，只要是正道，也不是全然不可行。

2 勤勞是致富的捷徑

義大利有一句俗語：「走得慢但堅持到底的人才是真正走得快的人。」人一旦養成了不畏勞苦、鍥而不捨、堅持到底的工作精神，那麼，無論從事什麼職業，都能在競爭中立於不敗之地。古人所說的「勤能補拙」，講的就是這個道理。

社會上人人都想發財，卻苦無方法，其實勤勞就是致富的捷徑。「勤有功，嬉無益」，你勤於工作，工作有成果，那就是財富。

毫無疑問，懶惰者是不能成大事的，因爲懶惰的人總是貪圖安逸，只要察覺到一點風險就會被嚇破膽。另外，懶惰者缺乏吃苦耐勞的精神，總妄想天上掉下餡餅。但對成功者而言，他們不相信伸手就能接到天上掉下來的禮物，而是相信勤奮者必有所獲，相信「勤能補拙」這句話的深刻含義。

牛頓被公認為世界一流的科學家。當有人問他到底是用什麼方法創造那些非同小可的理論時，他誠實地回答道：「總是思考著它們。」

有一次，牛頓這樣陳述他的研究方法：「我總是把研究的課題放在心上，並反覆思考，慢慢地，起初的靈光乍現終於一點一點地變成了具體的研究方案。」

正如其他有成就的人一樣，牛頓也是靠勤奮、專心致志和持之以恆才取得成功的。放下手頭的這一課題而從事另一課題的研究，這就是他全部的娛樂和休息。牛頓曾說過：「如果說我對社會民眾有什麼貢獻的話，完全只因勤奮和喜愛思考。」

另一位偉大的哲學家克卜勒也這樣說過：「只有善於思考所學的東

西才能逐步深入。對於我所研究的課題，我總是追根究底，想理出個頭緒來。」

只要翻一翻那些大人物的傳記，我們就知道大部分傑出的發明家、藝術家、思想家和著名的工匠，他們的成功都歸功於勤奮和持之以恆的毅力。

天賦過人的人如果沒有毅力和恒心作後盾，只能綻放轉瞬即逝的火花；而意志堅強、持之以恆但智力平庸甚至稍顯遲鈍的人，最後卻會超過那些只有天賦而沒有毅力的人。

在一些最簡單的事情上，反覆的磨練確實會產生驚人的效果。任何偉大的成功都不是唾手可得的。許多著名的科學家和發明家所擁有的都是勤奮刻苦的人生。對於想成就大事的人來說，勤奮是最好的捷徑。

3 微笑是交友的捷徑

你想在面對陌生人時迅速拉近彼此的距離，將其拉進自己的人脈關係網嗎？這是有秘訣的，而這個秘訣說起來也很簡單，就是微笑。微笑是人的本能，它具有神奇的魔力。真誠的微笑是交友的無價之寶，是人們交際時的通行證。

每個人都希望結交朋友，所謂「在家靠父母，出外靠朋友」，多結交益友，對自己的前途會有很大的幫助。一個傲慢、慳吝、自私的人，是很難交到朋友的。所以，待人要真心、熱誠、主動、親切，臉上多一些笑容，口中多一些讚美。如此，你自然能贏得友誼。

你可能會說，微笑有什麼了不起的，不就是把嘴角上揚嗎？

事實上，微笑並不是一個簡單的表情，它是人內心的熱情和愉悅表達出來之後，才開出的一朵鮮花。所以，真誠的微笑有很強的感染力，而不只是公式化地掛在嘴角，那樣就像塑膠花一樣，顯得太假，沒有生命氣息。

微笑是快樂和愉悅情緒的外在表達，是從人的心底生發出來的，能夠直接打動他人的心，最快地贏得別人的好感，建立起自己的人脈。

有一家頗具規模的花店，店主貼出廣告，高薪聘請一位售花小姐。在招聘廣告上，老闆並沒有寫什麼具體的要求，前來應聘的人很多。老闆挑來選去，選中了三位，分別試用一星期，然後根據表現決定錄用其中的一位。

第一個女孩曾經在別家花店賣過三年的花，很有經驗，她覺得這份工作一定非自己莫屬；第二個女孩是個剛畢業的學生，因為她是花藝學校畢業的，賣花對她來說可謂是科班出身，所以她也覺得這個工作猶如囊中之物；第三位是個媽媽，原本她全職在家帶孩子，孩子上幼稚園後，她開始出來工作。她沒什麼經驗，也沒有什麼理論知識，但是她沒有放棄這個機會。

一個星期的試用開始了，第一個女孩子因為有經驗，見到顧客就不停地介紹各類花的花語以及給什麼樣的人應該送什麼樣的花，幾乎每一位顧客進花店，她都能說得讓人買走一束花或一籃花，一個星期下來，她的成績非常不錯。

第二個女孩子試用時，充分發揮了自己所學的專業知識，從插花的藝術到插花的成本都精心琢磨。她的專業知識和她的聰明也使得她成績斐然。

第三個媽媽在試用時則有點放不開手腳，甚至有點手足無措。

但是她的臉上經常掛著微笑，從內心到外表都表現出一種對生活、對工作的熱忱。一些殘花她總捨不得扔掉，而是修剪修剪，免費送給路過花店的小學生。

一星期的試用期結束之後，第三個人的銷售業績遠遠比不上前兩個，但是老闆卻錄用了她。

因為老闆認為，微笑是一種特殊的語言——「情緒語言」，它可以和有聲語言及行動相配合，起到「互補」作用，給人以美好的享受。

老闆認為用鮮花賺再多的錢也是有限的，用如花的心情、如花的微笑去賺錢才是無限的。花藝可以慢慢學，經驗可以積累，但如花的心情卻是學不來的，因為這裡面包含著一個人的氣質、品德和自信。

一個人如果整天都帶著一張好像背負著全世界所有不幸的臉，就會讓周圍的人也不愉快。即使全身名牌，金飾加身，也無法掩飾臉上悲苦的表情。相反的，如果穿著整潔的服裝，面帶微笑，就會讓周圍的人感染到你的快樂、溫暖。

在辦事的過程中，微笑可以縮短雙方的距離，它是好感的象徵，是人與人之間的潤滑劑。

真誠燦爛的微笑能夠打動每一個人，如果別人能從我們的微笑中看到真誠和信賴，那還有什麼是辦不成的呢？

4 別人的教訓，是自己的免費經驗

只要仔細觀察，我們就能從周圍人的身上得到啓發和教訓。有這樣一句古語：「前車覆，後車誡。」成功者都善於總結他人的失敗。

吸取秦朝滅亡的教訓，漢朝採用了休養生息的政策；東漢看到西漢土地兼併的弊端，便開始限制這個問題；唐朝吸取隋朝窮兵黷武的教訓，開始推崇文教；宋朝吸取唐朝後期外戚專政的教訓，採取不殺讀書人的政策；明朝吸取過去宦官干政的教訓，專門在宮殿門口貼了一個牌子，規定宦官不能接觸政事……

縱觀歷史的發展，正是不斷吸取之前教訓的過程。別人的教訓，是自己的免費經驗；別人的智慧，更可以直接變爲自己的智慧。

俗話說：「吃一塹，長一智。」其實，這一塹並非一定要是自己的，吃他人之「塹」也可長自己之「智」。

我們應當拿別人「亡羊」之教訓，補自己之漏洞，查找問題，消除隱患。警鐘長鳴，才能防微杜漸。

並不是所有的道路都需要重新再走一遍，事實上，我們完全可以避免許多不應該發生的錯誤，因爲很多事都有案例可以借鑒。

若你能認真地抬起頭，觀察、思考前人的經驗和教訓，不僅可以節省大量的探索時間，還能避免犯下很多探索過程中的錯誤。

第十五課 有理想，是成功的目標

1 有遠大理想，才能完成人生的目標

世間能促成一個人進步的力量很多，企圖心就是其中一個很重要的力量來源。因爲有企圖心希聖希賢，所以要立志發願；因爲有企圖心爲國爲民，所以要發奮圖強。有企圖心，才能完成人生的目的。

擁有遠大理想，高度自我激勵，是指導有志之人永遠朝成功邁進的重要保障。

星雲大師在他的《自在》一文中說，「三代之前，唯恐好名；三代以後，唯恐不好名」。做人要有做好人、做大人、做偉人、做專家學者的理想，要有希聖希賢、成佛作祖的理想，如此才不會空到人間走一遭。

哈佛大學曾做過一個著名的實驗：在一群智力與年齡都相近的青年中進行了一次關於人生目標的調查。結果發現：百分之三的人有十分清晰的長遠目標；百分之十的人有清晰但很短期的目標；百分之六十的人只有一些模糊的目標；而百分之廿七的人根本沒有目標。

廿五年後，哈佛大學再次對他們做了跟蹤調查，結果令人吃驚！

有清晰長期目標的人全部成了社會各界的精英、行業領袖；有清晰短期目標的人都是各專業、各領域的成功人士，生活在社會的中上層，事業有成；有模糊目標的人大部分生活在社會中下層，胸無大志，事業平平；而沒有目標的人則過得很不如意，工作不穩定，入不敷出，常常抱怨社會，抱怨政府，怨天尤人。

如果我們回溯歷史，就會更加明顯地感受到這個道理。成就，永遠是由那些擁有崇高志向的人創造的。我們無法想像一個胸無大志的人會創造出一番業績，因爲有夢想，所以從不放棄努力。夢想，造就了他們強烈的內動力，也造就了他們成功的人生。

當我們仰首感嘆如煙往事時，不如低頭審視一下自己的內心，心中的企圖之火是否還在燃燒，是否還在爲你帶來光和熱；當我們臥躺枕邊，想重拾昨夜的舊夢時，是否又該爲你的理想做些什麼？

2 激情是「奇蹟之母」

激情能創造出財富，也能創造出奇蹟，可以說，激情是「奇蹟之母」。美國成功學大師卡內基稱激情爲「內心的神」，認爲「一個人成功的因素很多，而首要的因素就是激情。沒有激情，無論你有什麼能力，都發揮不出來」。大凡能創造出奇蹟的人，靠的都是一股激情。

我們都見過沸騰的開水，每一個水分子似乎都在爭相跳躍，不斷向上，人的心態也應該如此，每一滴血都應該沸騰起來。湖水如果永遠都沒有波瀾，那就成了一潭死水；人生如果永遠不能沸騰起來，那麼人也如同死去一般。

找到激情，找到願意爲目標而瘋狂努力的動力，才能讓你一直走在前進的道路上，如果缺乏這個催化劑，一段時間過後，你又會回到原點。

若想得到激情的力量，就不妨問問你自己：什麼事能夠讓你赴湯蹈火在所不惜？你是否曾經爲了實現願望而努力拼搏？讓心情平靜下來，試著描繪想擁有的東西、想去做的事與想成爲的人的影像，直到再次找回激情的力量。

3 不立志而無願，無願則無成

也許有人會發出疑問：難道決心要做，就一定能做得到嗎？要是下了決心，最後卻沒有成功，又該怎麼辦呢？

有這樣的迷惑是正常的。但是，試想一下，如果一開始你就放棄了，那麼就算機會真的來了，你也無法立即採取行動，如此，還談什麼成功、收穫呢？

佛家說：「立志、努力，縱然不能完全成功，也會得到進步；發願、向上，縱然不能完全實現，也會得到進展。」

在大多數情況下，你所得到的結果和你所選擇的態度是一致的：要麼能，要麼不能。世界上有很多狀態是可以由人控制的，儘管一個人的力量十分微小，但是當你竭盡全力去實現自己的目標時，就一定能爆發出驚人的能量。

許多人常常把「不可能」三個字掛在嘴邊，其實，他根本沒有想過，自己的願望要怎麼實現，也沒有去思考實現的可能，更沒有去制定實現的計畫和目標。他只是聽到了一個自己不熟悉的事情，就本能地說不可能。太多的這也不可能、那也不可能，讓生活變得機械而笨拙。

如果你還在毫無警覺地抱怨，請你安靜下來，想一想「不可能」三個字怎麼會那麼容易就脫口而出。都還沒有嘗試過的東西，怎麼可以那麼武斷地下結論呢？

世界上每天都在發生各種令人沮喪的意外，但同時也在創造各種感人的奇蹟。如果你的心裡存著「我可以」的想法，那麼，這些代表新思路的想法就會迅速在你腦中生根發芽，長出嫩枝，幫你去攀越新的天地。

美國詩人丁尼生說：「夢想只要能持久，就能成爲現實。我們不就是生活在夢想中的嗎？」現實生活中，我們總是覺得大環境太差，不可能改變；客戶太刁鑽，不可能改變；身體不舒服，不可能改變；薪水過低，不可能改變……整天牢騷不斷，好像「不可能」、「無法改變」已經成爲我們終身的印記，我們時刻都需要別人的安慰。然而，拿我們所面臨的困難和南丁格爾當初所遭遇的困難相比，簡直就不值一提。那麼崇高、偉大的夢想都可以被南丁格爾實現，還有什麼是我們不能克服的？

你可以失去信心和勇氣，但你的生活並不會因此而輕鬆。只有當你開始立志、發願，並正式邁入追尋夢想的隊伍，你才有可能生活得更好！

4 任何事都有兩面

偉大的心理學家阿佛瑞德．安得爾說，人類最奇妙的特性之一就是「把負變爲正的力量」。

越研究那些有成就者的事業，你就會越加深刻地感覺到，有非常多的人之所以成功，是因爲有一些阻礙他們前進的缺陷促使他們加倍地努力，之前的磨難使他們得到了更多的報償。

如果我們能夠做到，我們應該把只有一條腿的威廉．波里索的這句話刻在生命中：「生命中最重要的一件事，就是不要把你的收入拿來作資本。任何傻子都會這樣做，但真正重要的事，是要從你的損失裡獲利。這需要有才智才行，而這一點也正是一個聰明人和一個傻子之間的根本區別。」

所以，當命運交給我們一個檸檬的時候，讓我們試著去做一杯檸檬水吧。

5 尋找自己的康莊大道

對於別人的康莊大道，看一看還可以，但一味地效仿是走不出同樣的瀟灑和精彩的。不同的人生有不同的價值，別人能做到的途徑，你不一定同樣能得到美滿的結果。

康莊大道，是指平坦寬闊、四通八達的道路，意爲美好光明的前途。

看見別人發大財賺大錢，住別墅洋房，開著寶馬賓士，每天只想著怎麼把錢花掉，我們自己心裡像打翻了五味瓶一樣，自己的心裡也開始蠢蠢欲動，摩拳擦掌著想要好好創業一番。

水往低處流，人往高處走，這是自然規律。沒有人可以絕對肯定你的成功或者失敗，也沒有人可以隨意扼殺你的創意和夢想。當夢想構建於現實，就會成爲理想，但若建立在臆想上，那就成了白日夢。

人應該正視自己的環境和自己本身擁有的條件，在綜合考量環境和自身條件的基礎上開闢出屬於你的康莊大道。比爾·蓋茲能逃離哈佛大學，成就自己的軟體王國，但是試問：任何人都能這樣成就自己的事業嗎？答案是否定的，因爲比爾·蓋茲只有一個。

成功的路不是只有一條，俗語道：「條條大路通羅馬。」成功也不是只有一個方法，功成名就不一定是最好的幸福。要好好尋找屬於自己的康莊大道，對別人的康莊大道看一看、瞧一瞧是可以的，偷偷地收集一些利於自己實現理想的觀念和做法也是對的，但一味地效仿是走不出同樣的瀟灑和精彩的。還是靜下心來，認真思索自己的康莊大道吧！

第十六課　找樂趣，是成功的秘訣

1 對擁有的工作感恩惜福

對於員工而言，工作既能提供生活保障，又能帶來樂趣，是生命中最重要的禮物。唯有感恩，唯有懂得珍惜，我們才對得起這份生命中的恩賜。是工作給了你一切，你應該並且必須對工作、對企業、對提攜你的上司和關心你的同事抱持著感恩與珍惜的態度。

生命之中能讓一個人感覺到最牽掛、最留戀、最不捨、最珍貴的就是工作，每個人大概都是如此。一旦工作融入血液，每個人都甘願留在正確的軌道上，甘願工作。

曾經有位老師告誡即將步入社會的學生：「假如第一份工作就有很好的薪水，那算你的運氣好，要努力工作以感恩惜福；萬一薪水不理想，則要懂得在工作中磨練自己。」無論你取得了多大的成就，身處什麼樣的地位，都應該珍愛自己的工作。

工作好比栽種一棵蘋果樹，我們每天爲它剪枝、修葉、澆水，等到秋天，我們在品嘗著酸甜的蘋果時，應當去感恩那棵樹，而非去感恩我們的辛勞，因爲是樹給了我們收穫果實的機會，如果沒有蘋果樹，即便我們想去澆水也無處可澆，何談吃什麼蘋果呢？

如果你能每天抱著一顆感恩的心情去工作，在工作中始終牢記「擁有一份工作，就要懂得感恩」的道理，你一定會成爲出類拔萃的員工。

2 每天多做一點點

如果你希望將自己的右臂鍛煉得更強壯，唯一的途徑就是利用它來做最艱苦的工作。相反，如果長期不使用你的右臂，讓它養尊處優，其結果就是使它變得虛弱，甚至萎縮。身處困境努力拼搏能夠產生巨大的力量，這是人生永恆不變的法則。

如果你能在做好分內的工作後，再每天多做一點點，不僅能彰顯自己勤奮的美德，還能發展一種超凡的技巧與能力，使自己具有更強大的生存力量，從而擺脫困境。

有一種現象，叫「蝴蝶效應」。據說，很多年前在紐約刮起的一場風暴，起因是東京有一隻蝴蝶在扇動翅膀。這隻蝴蝶翅膀的振動波，每一次都被外界不斷放大，不斷被放大的振動波越過太平洋，結果引發了一場風暴。於是，專家便把這種現象稱之為「蝴蝶效應」。

蝴蝶效應的本質是，每次作用的一點點疊加，最終會帶來翻天覆地的變化。

每次進步一點點，每天多做一點點，最終會帶來「翻天覆地」的變化。

每天笑容比昨天多一點點；

每天走路比昨天精神一點點；

每天行動比昨天多一點點；

每天效率比昨天提高一點點；

每天方法比昨天多找一點點。

……

在建立了「每天多做一點」的好習慣之後，與四周那些尚未養成這種習慣的人相比，你已經具有了優勢。這種習慣會使你無論從事什麼行業，都有更多的人指名道姓地要求你提供服務。

3 經營好自己的優勢

一個企業如果沒有自己的強項產品，不能佔據一定的市場份額，不能跟得上時代步伐的核心技術，勢必難以生存下去，最終必然走向滅亡。一個員工，如果沒有自己的專長，沒有老闆需要的核心技能，沒有公司需要的價值，不能跟上職場發展的需要，則很容易被邊緣化。

在競爭激烈的市場中，每個企業都要有自己的獨特優勢，這樣才能在優勝劣汰的競爭環境中取勝。同樣，作爲一名員工，要想做到不可替代，成爲老闆眼裡的「紅人」，也應該打造自己的核心優勢。讓自己的技能無可取代，就不需要依賴特定的上司或是以跳槽作威脅來鞏固自己的地位，因爲你的核心競爭力已使自己立於不敗之地。

不是只有學歷高才是優勢，也不是只有會這個會那個才是優勢，只要你用心，一切都能成爲你的優勢。

日本東京一家貿易公司與德國一家公司有貿易往來，德國公司的經理經常需要往返於東京和大阪。不久，這位經理發現了一件趣事：每次去大阪時，他的座位總在右邊，返回時又總在左邊。

經理詢問日本公司其中的緣故，購票小姐笑道：「車去大阪時，富士山在右邊；返回東京時，富士山則在您的左手邊，我想外國人都喜歡富士山的壯麗景色，所以替您買了不同的車票。」

這件不起眼的小事，使這位德國經理十分感動，促使他對這家

> 日本公司的貿易額由四百萬馬克提高到一千二百萬馬克。他認為：在這樣一個微不足道的小事上，這家公司的職員都能夠想得這麼周到，那麼，跟他們做生意還有什麼不放心的呢？

這個了不起的職員有什麼優勢呢？靠的就是細心。

日本知名財經雜誌President最先提出「好用」這一新型概念詞：在廿一世紀的新經濟時代，「好用」是企業內當紅的專業經理人的最大特質——因爲「好用」的人態度開放，不自我設限，專長多樣，且學習力強、可塑性高，願意挑戰新事物，極富責任感，又能以公司的需要爲己任。

優勢的概念是非常寬泛的，它並不一定是解決工作難題的能力或者掌握某個非常複雜的技術，也可以是生活上的某些特長，比如說有的人很擅長唱歌，有的人很擅長調節氣氛等。或者是同一件事，其他人不會，但你會；其他人會一點，而你會很多；其他人會很多，你則可以做得更精更完美……只要主動開發經營，人人都可以找到自己的優勢。只有經營好自己的優勢，才能打造出真正的核心競爭力，進而取得成功。

在職場上，與其費盡心思地去改善自己的劣勢，還不如努力把自己的優勢發揮到極致——套一句大白話，就是你要讓自己成為一個「好用」的人！

4 把握做事的分寸

任何一個人都想成為能說會道、能把事情做得漂亮、積極生活的人。一個人有沒有社交能力、辦事水準，主要表現在能否把握說話尺度和辦事分寸上。

身處職場，要掌握好做事的分寸，尤其是與上司相處時，更應該注意，在平時說話交談、彙報工作時，都要多加小心。

如果你說話有分寸，辦事講策略，行爲有節制，別人就會很容易接納你、幫助你、尊重你，滿足你的願望。因此，要想獲得社會認同、上司賞識，就應該掌握最恰當的說話尺度和適宜的辦事分寸。

◎不要嫌上司動作太慢。

如果你在與上司出行時不經意地說：「太晚了！」就是嫌上司動作太慢，以至於快要誤事了。在上司聽來，肯定有「幹嘛不早點」的責備意味，這樣的話在平時說無所謂，但在下屬與上司共事時說就有失分寸了。

◎讓上司下不來台的話不要說。

上司分配工作任務下來，而下級卻說「不好辦」，這樣直接地讓上司沒面子，一方面顯得自己推卸責任，另一方面也顯得上司沒遠見，讓上司下不了臺。

◎該說則說，不該說的千萬別說。

「我不清楚。」「不行拉倒，沒關係！」這類話是對上司的不尊重，缺少敬意。退一步說，也是說話不講究方式的表現。

◎無所謂的話儘量要少說。

對上級的問題回答：「無所謂，都行！」這樣的話說明對上司提出的問題根本沒怎麼在意，既顯得對上司不夠尊重，也有推卸責任的嫌疑。

說話要有技巧，溝通要有藝術。良好的表達方式可以助你事業成功，良性的溝通則可以改變你的人生。與上司交流時，要注意管好自己的嘴，要知道什麼話應該說，什麼話不應該講。

不知道所忌，就會造成失敗；不知道所宜，就會造成停滯。所以，在談話中，要懂得說話的忌諱。

做事有分寸在團隊中、企業中尤爲重要。在一個團隊中，如果成員能把握好自己的尺度，各盡所能，就會有好的成績；如果沒有把握好分寸，團隊內部互相拆臺，把責任一股腦兒地推到別人身上，就會降低大家的信心和決心，這樣往往會把工作搞得一團糟，結果對所有人都不利。

當大家共同面對失敗時，最忌諱的就是有人說：「我當時就覺得這辦法不好，你應該負責那，我應該負責這。如果照我的話做，絕不會是今天這種局面。」顯然，這種人是在推卸責任，或是想要顯示自己的高明。

5 學會尊重別人，等於尊重自己

中國有句古話：「士爲知己者死，女爲悅己者容。」這是尊重的一種外在表現，同時也是尊重的巨大威力。「你敬我一尺，我敬你一丈」，這就是中國人爲人處世的倫理規則。籃球明星姚明也說：「尊敬是靠自己贏得，不是靠別人給予。」

尊重是人際交往的前提條件。在職場的人際關係中，要想獲得他人的尊重，我們首先要去尊重他人。

李開復當年在卡內基·梅隆大學學習時，博士期間選擇的研究方向是「語音辨識」，他的導師羅傑·瑞迪給了他很大的幫助。導師鼓勵他用專家統計的方法來研究語音辨識，李開復在這個領域經過了一番研究後，發現語音辨識用這個方法可以獲得特定語者百分之九十五的語音辨識率。他將整個研究過程寫了一篇論文，一經發表，立即得到正面的迴響。但是後來他發現，專家系統有嚴重局限性，無法延伸到做不特定語者的語音辨識。

他認為，有資料支援的統計模式是唯一的希望。當他把想法告訴導師時，導師告訴他：「我不同意你，但是我支持你！」

這樣的說法讓李開復備受感動，這也成就了李開復博士論文的成功，他的論文在當年被評為《商業週刊》最傑出創新。

每個人對每件事都會有不同的看法和不同的理解，不能期望大家的意見完全一致。我們要尊重別人表達或保留不同意見的權利，正如伏爾泰所說：「我不同意你的話，但我願意誓死捍衛你說話的權利。」我們要用寬廣的胸懷來包容並尊重他人的不同意見。

在職場中，經常有覺得對方意見不妥或相互意見不一致的時候，那麼，如何有藝術地表達自己的「不同意」呢？千萬不能粗暴地用「不同意」這三個字來扼殺其他人的思考和創新。即便你「不同意」，也應該讓對方感受到你對他的尊重。

關於「不同意」的藝術，李開復根據個人的體會，給出了下面的建議。

先用同理心獲得別人的尊重，讓別人願意傾聽你的想法；如果使用對事不對人的態度，即使發生爭吵，大家也不會心存芥蒂；在你已考慮清楚自己的理由是否合理、充分的前提下保持自信；保持建設性；不僅要提出反對意見，更要能夠提出反對的理由，同時還要提出改進方案，這樣才會更容易爲對方所接受；要想在提反對意見時不傷和氣，就一定要注意自己的態度和語氣；應循循善誘地提問，幫助對方梳理思路；當眾論事，事後批評，給別人留臉面，才會讓別人不覺得尷尬，從而更願意接納你的意見；只在必要時展開爭論。

一個人內心最大的渴望是得到別人的尊重，別人希望我們能尊重他們，而在我們內心也希望別人能尊重我們。但尊重要靠自己贏得，只有我們先尊重別人，才能得到別人的尊重；只有我們在心理上有尊重別人的想法，才可能做出尊重別人的行動。學會尊重他人就如同面對一面鏡子，你對它笑，它也會對你笑。

尊重別人是一種美德，它會贏得認同、欣賞和合作。請你記住：不尊重朋友，你將失去快樂；不尊重同事，你將失去合作；不尊重領導，你將失去機會；不尊重長者，你將失去品格；不尊重自己，你將失去自我。

人與人之間的關係本沒有什麼固定的公式可循。要從關心別人、體諒別人的角度出發，尊重別人，做事時爲對方留下足夠的空間和餘地，發生誤會時要替對方著想，主動反省自己的過失，勇於承擔責任。

叔本華說：「要尊重每一個人，不論他是何等的卑微與可笑。要記住活在每個人身上的，是和你我相同的性靈。」其實，尊重別人用不了很多的付出。也許，我們一句關心的話就可以讓別人感動，讓一個心懷自卑的人樹立起自尊，讓一個處境窘迫的人重新找回自信。

6 發掘並享受工作中的樂趣

在工作中，不同的心境會帶來不同的效果。如果是帶著怨氣工作，則會覺得事事不順心，從而導致對工作失去應有的熱情，最終一事無成；如果是用樂觀的心態對待工作，在工作中尋找樂趣，那麼你將越來越熱愛自己的工作。

在一家飯店裡，有位清潔員，她在這家飯店工作了幾年，一直在洗手間做保潔工作。洗手間總是被她打掃得乾乾淨淨，客人從洗手間出來，她都會微笑著送上幹手巾。

客人們對她的服務交口稱讚，有的客人勸她換份工作，她說：「我為什麼要換工作呢？我的工作就是最好的，看到客人們對我的工作認可，這就是我最大的幸福，何必要換工作呢？」

很多時候，工作之所以會出現問題，其癥結是因爲我們的工作態度出了問題。世界並不完美，但是心態可以完美。以積極的心態去面對工作，你的處境就會發生轉機。

心態才是你真正的主人。「要麼你去駕馭生命，要麼生命駕馭你。你的心態將決定誰是坐騎，誰是騎師。」在人生的旅途中，有數不盡的坎坷泥濘，也有看不完的春花秋月，持一種什麼樣的心態，將最終決定你的人生軌跡。

在工作中，一味抱怨自己的境況如何惡劣，最終只會讓自己的處境更加糟糕。我們應該轉換一種思維，將抱怨化爲感恩，你會發現，一個截然不同的嶄新世界將展現在眼前。

當你努力工作，發掘並享受工作中的樂趣時，你會發現自己的工作是多麼有意義。盡心盡力，積極進取，始終不放棄努力，始終保持一種盡善盡美的工作態度，滿懷希望和熱情地朝著自己的目標而努力，你就能獲得豐富的經驗，同時提升個人的能力。

鋼鐵大王卡內基有一個十分精闢的見解，他認爲：「如果一個人對工作缺乏正確的認識，只是爲了薪水而工作，很可能既賺不到錢，也找不到人生的樂趣。」不論你所選擇的事業能夠爲你帶來多少財富，只要你全身心地投入，發掘並享受工作的樂趣，那麼，你總有一天能夠創造出嶄新的局面。

一花一世界：佛學典故中的十六堂人生成功課

作者： 羅金
發行人：陳曉林
出版所：風雲時代出版股份有限公司
地址：10576台北市民生東路五段178號7樓之3
電話：(02) 2756-0949
傳真：(02) 2765-3799
執行主編：朱墨菲
美術設計：吳宗潔
行銷企劃：邱琮傑、張慧卿、林安莉
業務總監：張瑋鳳

初版日期：2017年11月
版權授權：馬峰
ISBN ：978-986-352-423-6

風雲書網：http://www.eastbooks.com.tw
官方部落格：http://eastbooks.pixnet.net/blog
Facebook ：http://www.facebook.com/h7560949
E-mail：h7560949@ms15hinet.net
劃撥帳號：12043291
戶名：風雲時代出版股份有限公司

風雲發行所：33373桃園市龜山區公西村2鄰復興街304巷96號
電話：(03) 318-1378
傳真：(03) 318-1378
法律顧問：永然法律事務所 李永然律師
北辰著作權事務所 蕭雄淋律師

行政院新聞局局版台業字第3595號 營利事業統一編號22759935

定價 ：280元

國家圖書館出版品預行編目資料

一花一世界：佛學典故中的十六堂人生成功課/
羅金 著. -- 初版. -- 臺北市：風雲時代，2017.07-
冊；公分
ISBN 978-986-352-423-6（平裝）
1.佛教修持 2.生活指導

225.87 106016298